FACULTÉ DE DROIT DE L'UNIVERSITÉ DE BORDEAUX

DE

LA JURIDICTION GRACIEUSE

DES TRIBUNAUX DE PREMIÈRE INSTANCE

SPÉCIALEMENT EN CE QUI CONCERNE LES BIENS

THÈSE POUR LE DOCTORAT

Soutenue devant la Faculté de Droit de Bordeaux, le 24 Juin 1898, à 2 h. 1/2 du soir

PAR

Edouard-G. FAURE

AVOCAT A LA COUR D'APPEL

BORDEAUX

IMPRIMERIE Y. CADORET

17, RUE MONTMÉJAN, 17

1898

FACULTÉ DE DROIT DE L'UNIVERSITÉ DE BORDEAUX

DE

LA JURIDICTION GRACIEUSE

DES TRIBUNAUX DE PREMIÈRE INSTANCE

SPÉCIALEMENT EN CE QUI CONCERNE LES BIENS

THÈSE POUR LE DOCTORAT

Soutenue devant la Faculté de Droit de Bordeaux, le 24 Juin 1898, à 2 h. 1/2 du soir

PAR

Edouard-G. FAURE

AVOCAT A LA COUR D'APPEL

BORDEAUX

IMPRIMERIE Y. CADORET

17, RUE MONTMÉJAN, 17

1898

FACULTÉ DE DROIT DE L'UNIVERSITÉ DE BORDEAUX

MM. BAUDRY-LACANTINERIE, ✳, ♦ I., doyen, professeur de *Droit civil.*

SAIGNAT, ♦ I., assesseur du doyen, professeur de *Droit civil.*

BARCKHAUSEN, O. ✳, ♦ I., professeur de *Droit administratif.*

DE LOYNES, ♦ I., professeur de *Droit civil.*

VIGNEAUX, ♦ I., professeur d'*Histoire du droit.*

LE COQ, ✳, ♦ I., professeur de *Procédure civile.*

LEVILLAIN, ♦ I., professeur de *Droit commercial.*

MARANDOUT, ♦ I., professeur de *Droit criminel.*

DESPAGNET, ♦ I., professeur de *Droit international public,* chargé du cours de *Droit international privé.*

MONNIER, ♦ I., professeur de *Droit romain,* chargé du cours d'*Histoire du droit public français.*

DUGUIT, ♦ I., professeur de *Droit constitutionnel et administratif,* chargé du cours de *Principes du droit public et Droit constitutionnel comparé.*

DE BOECK, ♦ A., professeur de *Droit romain,* chargé du cours d'*Histoire des doctrines économiques.*

DIDIER, ♦ A., professeur de *Droit maritime et de Législation industrielle,* chargé du cours de *Législation financière.*

SAUVAIRE-JOURDAN, agrégé, chargé des cours de *Législation et économie coloniales* et d'*Économie politique* (Doctorat).

BENZACAR, agrégé, chargé du cours d'*Économie politique* (Licence).

MM. SIGUIER, ♦ A., *secrétaire.*

PLATON, ♦ A., ancien élève de l'École des Hautes-Études, *sous-bibliothécaire.*

CAZADE, *Commis au secrétariat.*

COMMISSION DE LA THÈSE

MM. DE LOYNES, professeur, *président.*

LE COQ, professeur.

MARANDOUT, professeur. } *suffragants.*

DE

LA JURIDICTION GRACIEUSE

DES TRIBUNAUX DE PREMIÈRE INSTANCE

SPÉCIALEMENT EN CE QUI CONCERNE LES BIENS

CHAPITRE PREMIER

INTRODUCTION

« L'œuvre de la justice ne consiste pas seulement à juger
» les différends qui s'élèvent entre les citoyens : une autre
» mission, moins connue, mais non moins utile a été dévolue
» aux Tribunaux. Il existe au sein de la société, une foule
» d'intérêts qui résident en des mains trop faibles pour les
» défendre elles-mêmes. D'un autre côté, les droits et les inté-
» rêts des familles touchent souvent à des considérations d'or-
» dre public qui ne permettent pas de les laisser agir sans
» surveillance et sans contrôle. Dans le premier cas, les
» magistrats exercent une sorte de tutelle judiciaire pour la
» conservation des droits appartenant à des incapables.
» Dans le second cas, ils sont appelés à sauvegarder les inté-
» rêts d'ordre public contre les atteintes qui pourraient y

» être trop facilement portées par les manœuvres et les com-
» binaisons de l'intérêt privé » (¹).

Ainsi s'exprimait M. de Belleyme, président du Tribunal civil
de la Seine, dans son introduction à l'ouvrage de M. Bertin,
sur « la Chambre du conseil ». Et cette réflexion, d'ordre
général, peut aussi servir d'introduction à notre thèse.

Dans toute société, il se produit nécessairement des dissen-
timents, des conflits d'intérêt ; de ces conflits naissent des
procès que les Tribunaux sont appelés à trancher. Les Tribunaux rendent alors un jugement, décident du bien ou du
mal fondé de la demande, font triompher une prétention à
l'encontre de l'autre, mettent fin au combat judiciaire. Mais
à côté de ces litiges, il est dans la société une foule d'intérêts
en souffrance. Les femmes mariées, les mineurs, les interdits,
les absents ont besoin d'un protecteur qui veille sur leurs
droits et les sauvegarde. Cette fonction de protecteur des faibles, de gardien vigilant et de défenseur de ce qui constitue
l'ordre social a été dévolue par la loi française à la justice.
Dans certains pays, la justice a un pouvoir plus large encore.
En Prusse, par exemple, aux termes de l'article 1er de la loi du
5 mai 1872, la propriété foncière ne s'acquiert même au re-
gard des parties en cas d'aliénation volontaire que par une
inscription au livre foncier faite en conséquence d'un acte de
dessaisine. Un fonctionnaire, un magistrat, procède à une
vérification préalable à toute inscription pour éviter, dans la
mesure du possible, une contradiction entre l'inscription et le
droit véritable des parties. L'inscription fait ensuite foi à l'é-
gard des tiers de bonne foi qui ont traité à titre onéreux avec
une personne inscrite au registre. C'est le système de la force
probante et de la légalité (²). Il y a là un magistrat, le juge

(¹) Bertin, *Chambre du Conseil*, p. 17.
(²) E. Besson, *La réforme hypothécaire*, p. 262 et s. — Ferron, *Publicité des*

conservateur, qui procède à un acte n'ayant aucun caractère contentieux; il vérifie simplement la légitimité des inscriptions à opérer. La justice a donc un double rôle. D'une part elle juge les contestations qui lui sont soumises, d'une autre elle procède aux actes d'administration et de tutelle judiciaire; de là deux ordres de juridiction : juridiction contentieuse et juridiction gracieuse. Cette distinction entre la juridiction contentieuse et la juridiction gracieuse a existé de tout temps. Mais, tandis que le législateur, préoccupé surtout de mettre rapidement fin aux procès qui, s'ils sont chose nécessaire, n'en sont pas moins chose funeste, réglait toujours d'une façon précise et complète les formes dans lesquelles on devait procéder devant les tribunaux en matière contentieuse ; les dispositions diverses qui régissent la juridiction gracieuse sont loin de résoudre les difficultés qui se produisent, et l'on y chercherait vainement la formule de règles générales qui pourraient servir de guide. L'incertitude même qui règne sur la notion de juridiction gracieuse empêche parfois de déterminer exactement les règles qui lui sont applicables. Aussi une question préjudicielle se pose. Qu'est-ce que la juridiction gracieuse ? A quel signe, à quel critérium reconnaîtrons-nous l'acte gracieux ? Cette question pourrait à elle seule fournir matière à une longue dissertation [1] et sa solution donner par déduction la clef de nombreuses difficultés pratiques. Nous préférons procéder autrement, et après avoir indiqué un critérium que nous croyons juste, nous nous efforcerons de tirer de l'évolution de la jurisprudence sur les actes de juridiction gracieuse un ensemble de règles susceptibles d'être généralisées.

droits réels immobiliers, p. 295. — Procès-verbaux de la commission extra-parlementaire du cadastre ; Fascicule n. 1, p. 198.

[1] A. Lefas, *De la notion de juridiction gracieuse en droit français.*

Mais tout d'abord qu'est-ce que cette épithète de « gracieuse » que nous trouvons dans la pratique accolée au mot
« juridiction » ? Nulle part la loi ne fait usage de l'expression
« juridiction gracieuse ». La loi oppose seulement le contentieux et le non contentieux. Les jurisconsultes ne cachent pas
d'ailleurs que cette opposition du gracieux et du contentieux
est une tradition continuée et renouvelée par eux. Henrion
de Pansey, Merlin, empruntent leur terminologie et leurs
définitions aux commentateurs des textes romains. Bertin lui-
même croit s'appuyer sur l'autorité de ce droit qui « a tracé
» la voie où doivent s'engager ceux qui veulent connaître,
» enseigner et pratiquer la vérité juridique » (¹).

Le droit romain, dit la presque unanimité des auteurs, a
soigneusement distingué les actes de juridiction contentieuse
de ceux de la juridiction volontaire ou gracieuse. Et tous
d'invoquer un texte de Marcien rapporté au Digeste. Ce texte
dit-on, révèle incidemment, à propos d'une question de compétence, l'opposition qui existait à Rome entre la « *jurisdictio
voluntaria* » et la « *jurisdictio contentiosa* ». Mais que dit-il
au juste ?

« Omnes proconsules statim quam Urbem egressi fuerint
» habent jurisdictionem, sed non contentiosam, sed volunta-
» riam : ut ecce manumitti apud eos possunt tam liberi
» quam servi et adoptiones fieri. Apud legatum vero procon-
» sulis, nemo manumittere potest, quia non habet jurisdictio-
» nem talem » (²). Tous les auteurs anciens en ont conclu comme
Heineccius que : « jurisdictio recte dividitur in voluntariam,
» quæ inter volentes et sine cognitione causæ exercetur, et
» contentiosam, quæ inter invitos et litigantes cum causæ
» cognitione, exercetur » (³). C'est forts de ce passage que la

(¹) Lefas, thèse, p. 9.
(²) Dig., I. 16. 2.
(³) *Heineccius, Ad Pandect.*, lib. II, I, *De jurisdictione.*

plupart des auteurs modernes affirment encore qu'il existait
à Rome deux ordres de juridictions distinctes « ayant chacune
» son mode de procéder, ses règles spéciales et produisant
» des effets différents » (¹).

Est-il bien vrai que ce texte si court et unique en la matière veuille dire tant de choses et ne doit-on pas en donner
une explication autre que celle que nous venons d'indiquer?

Quelle est d'abord cette « *jurisdictio* » dont parle Marcien?
Un texte d'Ulpien qui fait suite à celui de Marcien vient heureusement nous le dire : « Nec (apud legatum) adoptare
» potest : omnino enim non est apud eum legis actio » (²).
Cette « *talem jurisdictionem* » est donc le pouvoir d'organi-
ser « *la legis actio* » et cette affirmation est corroborée par un
texte de Paul : « Apud magistratus municipales si habeant
» legis actionem, emancipari et manumitti potest » (³). Le
texte de Marcien parle de la « *legis actio voluntaria;* cette
legis actio voluntaria, il faut maintenant la définir. La *legis
actio* prise dans son sens courant est une forme générale de
procédure; elle se compose d'un ensemble d'actes et de pa-
roles solennelles qui conduisent à la réalisation d'un droit.
La *jurisdictio voluntaria* ou *legis actio voluntaria* est fille du
formalisme primitif. Les Romains, comme l'a si bien dit
Ihering, sont très économes de formes de procédure. Les parties qui veulent faire intervenir dans leurs conventions l'autorité civile arrivent à leurs fins en simulant un débat, en faisant un acte apparent qui couvre l'acte véritable ; et la solution est simplement empruntée aux règles de l'aveu en justice.
Après entente préalable, les parties se présentent devant le
magistrat. L'une d'elles, qui joue le rôle de demandeur, ré-

(¹) A. Lefas, thèse, p. 16.
(²) D., I. 16. 5.
(³) Paul, S., II. 25. 4.

clame, comme s'il était contesté, le droit qu'elle veut acquérir ;
celle qui joue le rôle de défendeur se tait, ou reconnaît la
prétention fondée. En cet état de choses, le magistrat adjuge
au demandeur le bénéfice de ses conclusions. Ce procédé,
connu aussi sous le nom d'*in jure cessio,* sert à réaliser l'adoption, l'émancipation et l'affranchissement, c'est-à-dire les trois
actes qui sont désignés partout comme actes de *jurisdictio
voluntaria.* Nous nous trouvons ici en présence d'une application de la théorie de l'acte apparent « l'acte poursuit un but
» purement technique, celui d'obtenir un résultat approuvé
» par le droit lui-même au moyen d'une application quelque
» peu forcée des moyens existants » (¹). C'est « un mensonge
» juridique consacré par la nécessité ». Comparons l'*in jure
cessio* et la *legis actio* véritable. Que voyons-nous ? Dans la
forme, une similitude absolue, indéniable. Mais dans l'*in jure
cessio* il y a désaccord entre la forme et le fond. A l'origine
l'*in jure cessio* n'est qu'une fraude des parties, quelque chose
de tout à fait analogue aux jugements d'expédient. Dans l'expédient comme dans l'*in jure cessio,* il y a l'accord des parties,
le conflit simulé, le magistrat qui fait sienne la décision que
les parties lui proposent. Nous y voyons la forme l'emporter
sur le fond et l'*in jure cessio* avoir la même autorité qu'un jugement. Tel est l'expédient ; telle était à l'origine l'*in jure
cessio.* Peu à peu l'*in jure cessio* se modifia ; le fond l'emporta
sur la forme, elle devint une forme de contracter. Mais dès
que la forme eut cédé devant le fond, dès que l'on fit découler
les effets de l'acte, non de la forme employée mais de la nature de l'acte, alors la forme devint encombrante, gênante.
L'*in jure cessio* n'offrit plus les avantages qu'elle avait jusqu'alors, son champ d'application se restreignit à l'adoption,

(¹) Ihering, *Esprit du droit romain,* IV, 273.

l'émancipation et l'affranchissement; elle fut remplacée pour les autres contrats par des modes plus simples, *mancipatio, traditio,* etc. De cet exposé rapide, que résulte-t-il? Il en résulte que la *jurisdictio voluntaria* n'est que « *la legis actio* en dehors de toute contestation ». Cette opinion, admise par beaucoup de romanistes modernes, est confirmée par la rareté des textes. Est-il croyable, en effet, que s'il y avait eu à Rome une distinction générale entre la juridiction gracieuse et la juridiction contentieuse le Digeste en dise si peu de chose et le code rien du tout? Le texte de Marcien est un texte ancien ne s'appliquant plus. Il n'est cité que d'une façon incidente au sujet de l'*officium proconsulis* », à une époque où l'*in jure cessio* n'avait plus que de très rares applications.

Marcien nous révèle donc simplement l'existence à Rome d'une *legis actio voluntaria.* Mais la distinction qu'il nous signale ne s'applique pas d'une façon générale.

Arrivons à notre ancienne jurisprudence. Nos auteurs anciens ont fidèlement suivi le droit romain, il y avait là de leur part une erreur. Tous se sont attachés à distinguer l'*imperium* et la *jurisdictio,* ils n'y ont point réussi, Cujas lui-même le reconnaît, ou bien ils ont réussi trop tard pour corriger une terminologie devenue courante. Pour le texte de Marcien, il en est résulté la reconnaissance d'une division du contentieux et du volontaire susceptible d'embrasser tous les actes juridictionnels. Il y avait là une erreur, de cette erreur devaient résulter de graves divergences entre les auteurs au sujet de la définition de la juridiction gracieuse ou plutôt volontaire comme on l'appelle alors. Abstraction faite des controverses de détail, on peut distinguer deux grandes écoles chez les commentateurs des *Pandectes.* Un premier groupe de juristes parti de cette idée (vraie au Bas Empire) que l'*in jure cessio* était un mode de contracter, confondit la « *jurisdictio voluntaria* et le *jus acta conficiendi.* Frappés du peu de différence que présentaient l'émancipation par exemple et d'autres actes soumis comme les donations à certaines formalités (insinuation), ils décidèrent que tout acte dans lequel intervenait un officier public était un acte de *jurisdictio voluntaria,* et que, le juge et le notaire se partageaient ces attributions. Cela est si vrai que Bartole qualifie le notaire de *judex chartularius* (¹), que le canoniste Durand, après avoir, dans le livre I de son *Speculum juris,* indiqué l'existence de la juridiction contentieuse et de la juridiction volontaire (²), y fait rentrer la donation et le testament qu'il rapproche de l'émancipation : «... voluntariæ » autem bene possunt exerceri prout in eadem lege dicitur, » ut emancipare, contractus inire instrumenta scribere, tes- » tamenta facere, et hujus modi »·(³). Enfin Loyseau (⁴) dit expressément que « comme la juridiction contentieuse réside » par devers le juge, aussi la volontaire réside par devers le » notaire, laquelle néanmoins il exerce sous le nom et autorité » du juge ». Cette doctrine était séduisante par le rôle prépondérant qu'elle réservait à la volonté des parties, elle expliquait bien le qualificatif volontaire appliqué à cette juridiction (⁵). Mais elle se heurtait à la notion rationnelle que chacun a de la juridiction ; elle accordait la juridiction volontaire au notaire qui n'était pas un juge, et lorsqu'elle accordait la juridiction volontaire aux magistrats, elle leur assignait un rôle passif qui leur répugne et qui exclut toute idée de décision propre et de juridiction. Dans ces conditions, cette doctrine devait être rejetée. Elle le fut bientôt. Dès les premiers temps

(¹) Bartole, Commentaires, *De Sacros. ecl.,* loi *Jubemus* paragraphe *Sane si,* n. 13.
(²) Durand, *Spec. juris,* liv. I, part. 1ʳᵉ, *de jur. omn. jud.,* n. 26, I, p. 137.
(³) *Id.,* L. II, part. 1ʳᵉ, *De feriis,* paragraphe II, n. 5 et 6, II, p. 507.
(⁴) Loyseau, *Des offices,* V, I, n. 57.
(⁵) V. dans le même sens Laurent, I, p. 116 et XX, n. 5.

de la Renaissance, les auteurs (Cujas) s'aperçurent de l'erreur commise et s'en tenant dès lors strictement aux textes, limitèrent les applications de la juridiction volontaire à l'adoption, à l'affranchissement et à l'émancipation, en ramenèrent la notion à celle d'un pouvoir exercé par le magistrat. Malheureusement Cujas lui-même voulut indiquer le trait commun qui se trouvait dans ces trois actes et ayant cru le voir dans l'absence de *decretum* et de *cognitio causæ*, il ajouta à la liste, que lui fournissaient les. textes, la *bonorum possessio edictalis*, qui présentait les mêmes caractères (¹). C'était ouvrir la voie à une généralisation nouvelle de la distinction entre le contentieux et le volontaire. La doctrine de Cujas, juste et conforme aux textes, fut bientôt dénaturée par ses commentateurs. « Vulgatissima (divisio) est quod alia » jurisdictio voluntaria alia contentiosa sit » nous dit Voët (²), et dès lors tous les auteurs veulent répartir tous les actes du magistrat dans l'une ou l'autre des deux catégories. On tenta d'abord la distinction sur la base donnée par Cujas, absence de *decretum* et de *cognitio causæ*, mais on se heurta bien vite à des difficultés insurmontables. Force fut donc de modifier le critérium choisi et dès lors de nouvelles distinctions de se produire. Doneau (³), qui distingue la juridiction contentieuse qui s'exerce *in invitos cum judicii contentione* et la volontaire exercée *in volentes* dans les affaires *quæ geruntur extrajudicium magistratus auctoritate*, est forcé d'admettre une troisième classe d'actes intermédiaires entre les actes volontaires et les actes contentieux. Heineccius et Voët font de même, bien que dans leur critérium ils aient introduit un élément de plus que Doneau, la présence ou l'absence de *cognitio*

(¹) Cujas, *In Dig.*, liv. II, I (VII, col. 59, lettre D.), *id.* nov. 95 (II, col. 1129).
(²) Voët, *Ad Pand.*, liv. II, I, n. 3.
(³) Doneau, *De jur. civ.*, liv. XVII, n. 8 et 9.

causæ. D'Argentré (¹), faisant de la *cognitio causæ* la seule pierre de touche de la juridiction gracieuse, distingue, dans son Commentaire de la coutume de Bretagne, les affaires qui exigent la *legitima causæ cognitio*, c'est-à-dire qui sont débattues entre le demandeur, le défendeur et le juge et celles qui exigent seulement une *informatoria causæ cognitio* qui n'a d'autre but que d'éclairer le juge. Pothier (²) enfin revient au critérium proposé par Heineccius, mais en le modifiant légèrement, car il range parmi les actes de juridiction volontaire non seulement les actes qui interviennent *inter volentes*, sous l'autorité du juge du consentement des parties, mais encore tous ceux que les juges peuvent faire sur la réquisition d'une partie sans qu'il y ait lieu de communiquer la demande à une autre partie capable de la contredire.

En présence de cette incertitude de la doctrine, que faisait notre ancienne jurisprudence? Elle ne suivit pas la doctrine dans ses distinctions subtiles et se trouvant en face de difficultés pratiques, elle s'ingénia dans chaque hypothèse à rendre des décisions conformes à l'intérêt de toutes parties. Cependant, dans le nouveau style du *Châtelet de Paris*, 2ᵉ partie, page 8, on lit : « Outre l'audience de la prévôté du parc » civil et celle de la Chambre civile où le lieutenant civil pré- » side, il existe une sorte de juridiction en son hôtel, au sujet » de certaines affaires sommaires qui requièrent une prompte » exécution; on y porte les référés sur les saisies-exécutions, » enlèvement de meubles, les difficultés qui naissent sur les » scellés et inventaires entre les officiers et les parties, les » avis de parents, actes de tutelle, curatelle, interdiction » volontaire et forcée, autorisations de femmes mariées au » refus du mari ». On le voit, le lieutenant civil et la Cham-

(¹) D'Argentré, *Cout. de Bretagne*, art. 1ᵉʳ, note 1, n. 2.
(²) Pothier, I, n. 8, *Pandectes*.

bre du Conseil constituent l'ensemble des juridictions en
matière gracieuse. Cette Chambre formait un des quatre ser-
vices du Châtelet de Paris. Il n'est resté aucune trace de ses
travaux. Elle a dû, selon l'expression de Pigeau, « se former là
» insensiblement comme dans les autres tribunaux, par la
» nécessité de s'assembler pour les affaires dont on vient de
» parler dans les lieux plus commodes que ceux de l'au-
» dience » ([1]). Et ses attributions gracieuses ont dû lui être
conférées peu à peu par l'usage.

A la fin du xviii⁰ siècle apparaît encore une nouvelle façon
de définir l'acte de juridiction volontaire. Elle nous est rapportée par l'avocat Darreau dans le Répertoire de Guyot ([2]).
Et c'est dans ce Répertoire, au mot *Contentieux*, que nous
trouvons pour la première fois l'épithète de gracieuse appli-
quée à la juridiction : « On dit par opposition gracieux et
» contentieux et fait de pouvoir et d'autorité. Le gracieux est
» ce qui dépend de la volonté de celui qui l'accorde, quand
» il peut le faire sans nuire à personne. Le contentieux est
» ce qui est lié à l'intérêt des tiers; on ne peut statuer
» sans avoir entendu la partie intéressée, ou du moins sans
» qu'elle ait été dûment appelée ». Définissant ensuite la juridiction gracieuse des intendants, l'auteur ajoute : « Pour les
» intendants, lorsqu'on leur demande des permissions, remi-
» ses, modérations, etc... on peut dire que ces objets sont de
» la juridiction gracieuse. Ceux au contraire qui ont rapport
» à des droits particuliers, sur lesquels il intervient des con-
» testations qui leur sont attribuées par des règlements,
» appartiennent à leur juridiction contentieuse et il ne leur
» est point permis de statuer arbitrairement ». C'est l'arbi-
traire du juge érigé en critérium de la juridiction gracieuse.

[1] Pigeau, *Procédure du Châtelet de Paris*, I, p. 100.
[2] Guyot, *Rép.*, vᵒ *Contentieux*.

C'est la notion du gracieux que nous trouvons aujourd'hui encore en droit administratif où le recours gracieux est un recours subordonné au bon plaisir du supérieur hiérarchique.

C'est en cet état de choses, alors que les diverses théories que nous venons d'indiquer existaient toutes et avaient toutes des adeptes nombreux et convaincus, qu'intervint la rédaction de nos codes, l'érection du système législatif qui nous régit actuellement. Aussi, nos codes ne font pas de distinction bien nette entre la juridiction contentieuse et la juridiction gracieuse. Aucun texte n'en parle d'une façon générale. Continuant la tradition de notre ancienne jurisprudence, le législateur de 1800 à 1810 pose simplement des règles spéciales pour chaque hypothèse qui se présente. Aussi, même après la rédaction des codes, les controverses continuent et se multiplient. La doctrine la plus répandue est celle qu'enseignent Merlin et M. Henrion de Pansey, tous deux se réclament du droit romain, ils empruntent les principaux éléments de leur système à Pothier et à d'Argentré. Ils pensent que le consentement des parties est nécessaire mais qu'il n'est pas suffisant pour constituer l'acte gracieux et ils ajoutent : « Dans » les actes de juridiction volontaire, le juge peut se décider » par ses connaissances personnelles ; dans ceux de la juri- » diction contentieuse, il est obligé de juger *secundum alle-* » *gata et probata.* Dans les premiers, il peut prendre pour » base de sa décision les faits articulés par le demandeur ou » refuser d'y croire par des motifs qui lui sont personnels. » Au contraire dans les seconds, lorsqu'un fait est dénié par » l'une des parties, il ne lui est pas permis de le tenir pour » certain, et quelque connaissance qu'il en ait d'ailleurs, il » doit en ordonner la preuve » (¹). Cette dernière partie de

---

(¹) Merlin, *Rép. de jurispr.,* vᵒ *Juridiction gracieuse.*

leur raisonnement est confirmée, nous devons l'avouer, par l'art. 355 du code civil.

M. Henrion de Pansey dit encore ailleurs, et cette proposition est intéressante à retenir. « La différence entre ces deux » espèces de juridictions, c'est que celui qui a recours à la » juridiction volontaire ne demande au juge que l'interposi- » tion de son autorité et que ceux que des prétentions con- » traires forcent de s'adresser aux tribunaux, leur demandent » d'abord une sentence, c'est-à-dire de prendre connaissance » de leurs moyens et de les juger... » [1].

Jusqu'en 1853, il n'y a rien de saillant à signaler.

En 1853, nous allons trouver la première tentative d'application pratique d'une théorie générale de la juridiction gracieuse, je veux parler de l'ouvrage bien connu de M. Bertin sur « la Chambre du Conseil ». M. de Belleyme, président du tribunal civil de la Seine, avait essayé de vivifier l'institution de la Chambre du Conseil pour lui permettre de protéger efficacement les intérêts qui lui sont confiés. Il donna à M. Bertin la tâche de « faire sortir des enseignements de la pratique » les conditions et les règles d'une juridiction créée mais non » définie par la loi ». En parlant de la Chambre du Conseil, M. Bertin devait nécessairement parler de la juridiction gracieuse qui constitue la principale de ses attributions. Mais si, d'une part il a, par le rapprochement des différents actes de juridiction gracieuse, montré les règles communes qui les régissent, en a esquissé une théorie générale ; en traitant de la juridiction gracieuse accessoirement à la Chambre du Conseil, il a presque introduit une confusion nouvelle, une confusion entre les actes de juridiction gracieuse et les actes de la compétence de la Chambre du Conseil. Au point de vue

[1] Henrion de Pansey, *De l'autorité judiciaire*, chap. XIV. — V. aussi ch. II t XVII.

de la juridiction gracieuse, M. Bertin a cru continuer la vieille tradition de la juridiction volontaire, il se réfère (¹) aux textes du Digeste et au commentaire qu'en a donné Pothier. Mais en fait, il s'en est considérablement écarté en attachant le caractère volontaire ou contentieux, non à l'acte mais à la demande et en reconnaissant la juridiction gracieuse comme l'ensemble des « actes d'administration et de tutelle judiciai-» res ». « Le pouvoir judiciaire a toujours eu une double mis-» sion à remplir. Il juge les contestations qui lui sont soumises » et procède aux actes d'administration et de tutelle judiciaire ; » de là deux ordres de juridictions : la juridiction contentieuse » et la juridiction gracieuse » (²).

On n'est pas encore arrivé à s'entendre sur la notion du gracieux et du contentieux. Nous avons trouvé une doctrine flottante et jusqu'en 1853, époque à laquelle nous sommes parvenus, une jurisprudence vague et incertaine. N'y a-t-il donc là qu'une création toute artificielle, une conséquence de l'erreur commise par les premiers romanistes, une simple catégorie de l'esprit qui ne répond à rien de précis et de rationnel ? Non, une erreur si séduisante qu'elle soit ne saurait durer, se maintenir. Or la distinction du gracieux et du contentieux se perpétue depuis plusieurs siècles.

Plaçons-nous à un point de vue rationnel et voyons si cette duplicité d'attributions des tribunaux n'est pas une consé-quence naturelle des principes qui aujourd'hui régissent en France l'organisation des pouvoirs publics. Dans l'Etat il y a deux organes : le gouvernement et le parlement, le pouvoir exécutif et le pouvoir législatif qui, tous deux, sont associés aux diverses fonctions de l'Etat et agissent réciproquement sous le contrôle l'un de l'autre. Mais pour agir, pour gouver-

(¹) Bertin, I, 13.
(²) Bertin, *Ch. du conseil*, n. 1.

ner, ces deux organes doivent entrer en relation avec les individus, ils le font par l'entremise des deux autorités administrative et judiciaire. L'autorité judiciaire est toujours seule compétente pour appliquer la loi lorsqu'elle touche directement et principalement à un intérêt individuel qu'il y ait ou non litige. L'autorité administrative est toujours seule et exclusivement compétente lorsqu'il s'agit directement et principalement d'un intérêt collectif qu'il y ait ou non litige (¹). Toutes les fois donc qu'un droit individuel sera atteint, l'autorité judiciaire interviendra, et ces droits pouvant se résumer dans les deux mots liberté et propriété pris dans leur sens le plus absolu et le plus large : liberté civile, liberté de penser ; propriété privée, ses divers modes d'acquisition, etc., nous pouvons dire que l'autorité judiciaire est compétente toutes les fois que se posera une question de liberté ou de propriété individuelle, qu'il y ait ou non litige. A côté des attributions contentieuses des tribunaux il existe donc des attributions non contentieuses. Ces deux catégories d'attributions ne sont pas de même nature. Les attributions contentieuses sont générales, car un conflit suppose toujours une atteinte apportée soit à la liberté, soit à la propriété. Au contraire, en dehors de tout conflit, les parties sont libres et peuvent sans autorisation consentir les actes qui leur conviennent. A défaut de litige, les magistrats de l'ordre judiciaire ne pourront donc être saisis que lorsque la loi aura limité la liberté des particuliers en leur interdisant de faire certains actes sans l'intervention de l'autorité judiciaire. Mais pouvons-nous dire que tous les actes non contentieux émanés d'un tribunal sont des actes gracieux et dire qu'il y a juridiction gracieuse toutes les fois qu'un tribunal intervient et qu'il n'y a pas de litige? Non. Dans les diverses

---

(¹) Duguit, *La séparation des pouvoirs et l'assemblée nation. de 1789*, ch. XV.

affaires non contentieuses qui lui sont soumises, l'autorité judiciaire n'a pas toujours le même pouvoir, les mêmes attributions et peut-être cette différence que nous trouvons dans la mission des tribunaux est-elle une des raisons de l'échec de toutes les tentatives de codification de la juridiction gracieuse. Il y a donc tout d'abord certaines précisions à faire ; aussi, sans nous occuper des actes judiciaires non contentieux, tels que le jugement de reconnaissance d'écriture (art. 2143), qui ne sont pas cependant des actes de juridiction gracieuse ([1]), allons-nous chercher un criterium simple et précis qui nous permette de dire à première vue s'il y a ou non juridiction gracieuse.

On a proposé de dire qu'il y a juridiction gracieuse toutes les fois qu'une partie s'adresse à justice sans mettre aucun adversaire en cause. La juridiction gracieuse serait celle qui s'exercerait en dehors d'un procès sur les demandes qui n'ont pas d'adversaire connu ou présumé ([2]) ; elle cesserait de s'exercer et la partie devrait être renvoyée devant la juridiction contentieuse dès que des tiers seraient intéressés à contester sa prétention ([3]). Mais cette définition n'explique rien, la question restant entière de savoir dans quels cas le demandeur a le droit de procéder ainsi, dans quel cas au contraire il est tenu d'assigner les personnes intéressées à contester sa demande. On pourrait même dire, en poussant à l'extrême les conséquences de cette idée, qu'il dépend du demandeur de créer la juridiction et de choisir à son gré entre la voie contentieuse en assignant son adversaire, et la voie gracieuse

([1]) Lefas, Thèse, p. 91 s.

([2]) Il y aurait un rapprochement curieux à faire pour les actes de rectification de l'état civil qui lorsqu'une question d'état y est mêlée sont des actes de juridiction contentieuse. Nous n'en parlons pas, voulant nous en tenir, comme nous l'indiquerons plus loin, aux actes qui concernent les biens.

([3]) Henrion de Pansey, *De l'autorité judiciaire*, I, p. 333.

en ne l'assignant pas. M. Rauter, dans son *Cours de procé-dure*, nous dit : « La juridiction se divise en contentieuse et » non contentieuse, la contentieuse est celle qui a pour objet » un débat entre deux ou plusieurs parties. Le caractère con-» tentieux d'une affaire se détermine d'après la manière dont » le juge est saisi et non d'après la manière dont les parties » la traitent » ([1]). Mais comment déterminer la manière dont le juge sera saisi? M. Cazalens, dans trois notes publiées au Dalloz ([2]), au sujet des ordonnances rendues sur requête par le président du tribunal, propose un système curieux. Il dis-tingue entre les actes qui, « n'impliquant l'appréciation et la » reconnaissance même provisoire d'aucun droit sujet à con-» testation, ne peuvent par leur nature et leurs effets causer » aucun préjudice » et ceux « qui ont à apprécier le droit » prétendu par le requérant pour savoir s'il convient d'en » refuser ou d'en autoriser l'exercice, qui peuvent être la cause » d'un préjudice très grave, soit pour le requérant en cas de » refus, soit pour le tiers intéressé en cas d'autorisation », et décidant d'une part que les premiers ne sont susceptibles d'aucun recours, il admet que les seconds constituent des actes de juridiction contentieuse et non pas de juridiction gracieuse, parce que ces actes « impliquent nécessairement, à » raison de l'appréciation qu'ils comportent et du préjudice » qui peut en résulter, la contradiction et non l'adhésion d'un » tiers ». Essayons d'appliquer ce système aux actes de la compétence du tribunal civil, il nous conduira à déclarer contentieux le jugement d'adoption car il préjudicie aux droits des héritiers naturels; à déclarer contentieux le jugement qui homologue la délibération d'un conseil de famille, parce que le refus d'homologation peut mettre l'incapable dans l'impos-

---

([1]) Rauter, *Cours de procédure*, n. 31.
([2]) D., 1875, II, p. 73, 105 et 137.

FAURE   2

sibilité de réaliser un acte avantageux. C'est-à-dire à deux
propositions universellement contredites. Tous ces criterium
sont à rejeter. Procédons par analyse.

Il est tout d'abord un point certain, il ne peut y avoir juridiction gracieuse lorsque les parties sont en désaccord et
l'accord des volontés, l'absence de litige a de tous temps été
considéré par tous les auteurs comme la pierre angulaire et
la seule base solide d'une définition de la juridiction gracieuse.
Heineccius, Cujas, Pothier, Merlin, Henrion de Pansey, Bertin,
en font le point de départ de leurs distinctions.

Mais l'accord des volontés suffit-il pour caractériser la juridiction gracieuse ? Suffit-il même pour rendre une procédure
non contentieuse ? Non, croyons-nous, car il faudrait alors
attribuer le caractère gracieux à tous les jugements d'accord,
à tous les jugements d'expédient. La théorie contraire résulte
uniquement d'une fausse notion de la juridiction volontaire
des rapprochements que l'on fait entre elle et l'*in jure cessio* (¹). La forme doit ici l'emporter sur le fond. « Un juge-
» ment qui intervient entre deux parties dans une matière
» sujette à litige, et sur laquelle leurs intérêts et leurs volon-
» tés se trouve accidentellement en harmonie, n'en appar-
» tient pas moins à la juridiction contentieuse parce qu'il y
» a nécessairement juridiction contentieuse là où il y a pou-
» voir de commander à l'une des parties ce que l'autre exige
» d'elle » (²). Le tribunal peut d'ailleurs rejeter les conclusions que les parties lui présentent d'accord. Il n'y a pas à
distinguer entre les jugements proprement dits rendus après
un débat sérieux et les jugements d'expédient. Toutes nos lois
sont muettes sur les jugements d'expédient, parce qu'officiel-
lement il n'en existe aucun de cette nature. Quand le tribu-

(¹) D., 1886. 2. 73, note de M. Glasson.
(²) Merlin, *Rép.*, v° *Jurid. grac.*, n. 1.

nal adopte le dispositif rédigé par les parties, il ne le fait qu'en connaissance de cause et il s'approprie entièrement la rédaction de cet acte qui devient un jugement pur et simple (¹). Pour venir en justice, les parties ont dû simuler un litige, elles sont victimes de leur simulation, peu importe, car elles l'ont voulu. L'accord des parties ne suffit pas à caractériser les actes de juridiction gracieuse ; la plupart des auteurs l'ont compris, et, outre l'accord des parties, ils indiquent une seconde condition qui, jointe à cette première, suffirait pour constituer la juridiction gracieuse. D'Argentré, Merlin, Henrion de Pansey caractérisent la juridiction gracieuse par l'absence de *cognitio causæ* et c'est en usant de ce procédé que Merlin et de Pansey ont pu comprendre sous l'étiquette de volontaires la plupart des actes qui composent notre juridiction gracieuse. Nous avons vu comment ces auteurs entendaient la *cognitio causæ* et nous avons vu leur doctrine confirmée par l'art. 355 du code civil. Il est certain, comme le disait l'orateur du tribunat au corps législatif dans la séance du 2 germinal an XI, que les juges n'ont pas alors, « comme dans tous les autres » actes de leur juridiction, des preuves à recueillir, mais des » renseignements à se procurer ». Le juge a un rôle actif, il cherche et s'informe de la façon qu'il croit préférable. Il y a là quelque chose de spécial à la juridiction gracieuse mais ce n'est qu'un trait accessoire et l'on passe à côté de la question essentielle qui est de savoir quand il est permis d'agir ainsi, et à quel signe on reconnaît les demandes qui peuvent se former de cette manière.

Où donc trouverons-nous la précision que nous cherchons ? Chauveau nous la donne sans s'en douter peut-être (²). Chauveau définit la juridiction gracieuse : « celle qui prononce

(¹) Gabriel Demante, *Principes de l'Enreg.*, 3ᵒ éd., I, n. 56 et 88.
(² Chauveau sur Carré, I, quest. 378.

» sur les demandes d'une partie que LA LOI autorise à se
» présenter seule, sans appeler l'adversaire qui pourrait
» avoir quelque intérêt à la contredire ». La juridiction gracieuse dérive de la loi, c'est simple et rationnel. Nos codes
ont donné à nos tribunaux une mission principale, celle de
vider les différends, de trancher les litiges et ont fixé le mode
de procéder devant eux dans ce but. Si les tribunaux sont
compétents en matière gracieuse, il faut un texte pour indiquer comment ils seront saisis. Nos codes ont procédé par
espèces ; aussi devons-nous, pour aller devant les tribunaux en
matière gracieuse, attendre que la loi nous le permette. Nous
avons donc deux éléments pour reconnaître si un acte constitue ou non un acte de juridiction gracieuse. Il faut : 1° que
les parties soient d'acccord ; 2° que, malgré cet accord, un
texte les force à se présenter devant la justice. Cela suffit-il ?
Pas dans tous les cas. Si nous considérons, en effet, d'une
façon générale les attributions des différents organes de l'autorité judiciaire, nous voyons que dans certains cas, très rares
il est vrai, ils sont tenus d'accéder à la requête qu'on leur
présente. Il nous paraît qu'une autorisation, une homologation, actes laissés à l'entière appréciation du magistrat, ne
sont pas de même nature que le donné acte d'une prestation
de serment, ou d'une reconnaissance d'écriture, qu'un procès-
verbal d'adjudication ou de conciliation que l'enregistrement
d'une déclaration d'émanciper. Le rôle du magistrat est différent, il est purement passif, il n'y a qu'un simple visa. Autant les actes de juridiction gracieuse se rapprochent des
actes administratifs, autant ceux que nous indiquons maintenant ressemblent aux actes authentiques rédigés par un notaire ou un officier de l'état civil. Ce sont des actes qui sont
en contradiction avec le rôle que la loi a dévolu aux magistrats et qui ne devraient pas leur être attribués. Il faudra,

pour qu'il y ait juridiction gracieuse, autre chose qu'un visa, qu'une simple formalité, et ici un élément, dont nous avons dit un mot tout à l'heure, nous permettra enfin de compléter notre critérium. Nous avons dit qu'en matière de juridiction gracieuse, le magistrat avait des pouvoirs spéciaux; qu'il avait une liberté très grande pour se faire une opinion et que si un fait était dénié il n'était pas obligé d'en ordonner la preuve (art. 355). Pour que ces larges pouvoirs confiés au magistrat aient une utilité quelconque, il faut que le magistrat soit libre, une fois sa conviction faite, d'accorder ou de rejeter la demande qui lui est adressée. Nous verrons s'il n'y a pas des limitations à faire à ce sujet, mais pour qu'il y ait juridiction gracieuse, pour que le magistrat fasse vraiment un acte de sa fonction, il faut qu'il ait pu choisir entre les deux solutions extrêmes. En résumé, pour qu'il y ait juridiction gracieuse, il faut : 1° que toutes les parties soient d'accord ; 2° que malgré cet accord la loi les force à se présenter en justice pour obtenir une approbation que la loi met comme condition à l'exercice de certains droits dont un individu à la jouissance; 3° que le tribunal ait le pouvoir d'accorder ou de refuser l'approbation qu'on lui demande.

Muni de ce critérium sans vouloir faire une énumération des actes de juridiction gracieuse, énumération qui serait forcément incomplète, nous allons indiquer rapidement certains actes qui nous paraissent rentrer dans cette classe. En ce qui concerne le président du tribunal, sont actes de juridiction gracieuse : les ordonnances permettant d'assigner à bref délai, celles qui autorisent des saisies-arrêts, l'exercice du droit de correction paternel, l'envoi en possession du légataire universel. Pour le tribunal, on peut citer : les homologations d'avis de parents ; l'homologation de l'acte d'adoption, car l'adoption comporte deux formalités successives : la déclaration devant le juge de paix qui ne constitue pas un acte de juridiction gracieuse, puis l'homologation de cette déclaration ; homologation qui est de juridiction gracieuse, car le tribunal doit se préoccuper de la moralité de l'adoptant, de sa bonne réputation ; et que l'article 355 du code civil confère au tribunal le pouvoir de décider qu'il n'y a pas lieu à adoption. En matière d'absence, les jugements de présomption, de déclaration d'absence, d'envoi en possession provisoire et définitif nous paraissent présenter les mêmes caractères. Toute la première phase de la procédure d'interdiction est aussi de juridiction gracieuse, elle se passe en dehors du défendeur, sans contradiction de sa part. Il en est de même des nominations d'administrateur provisoire, de mandataire spécial ; des homologations de partage alors que toutes les parties sont d'accord mais que l'une d'elles est absente ou incapable ; des autorisations de femme mariée dans les mêmes conditions ; des autorisations d'aliéner le fonds dotal ; de la restriction de l'hypothèque légale des mineurs et des femmes mariées ; des envois en possession des successeurs irréguliers ; des autorisations de transiger etc., sollicitées par les héritiers bénéficiaires ; de la nomination des administrateurs judiciaires. Une difficulté existe pour l'exécution en France des jugements étrangers. Doctrine et jurisprudence sont divisées sur la question. On sait que s'il n'existe ni traité, ni loi politique entre la France et un autre pays, ce qui est d'ailleurs la situation la plus normale, l'article 2123 du code civil exige, pour qu'un jugement puisse être exécuté en France, qu'il ait été déclaré exécutoire par un tribunal français. Mais quel est le rôle du tribunal français ? Trois systèmes sont en présence. Laissant de côté le premier système, d'après lequel l'article 121 de l'ordonnance de 1629 est encore en vigueur, système qui est rejeté par la majorité des auteurs, nous

nous trouvons en présence de deux opinions généralement reçues. Dans la première, le tribunal ne doit pas examiner le fond de l'affaire, il se préoccupe seulement de savoir si le jugement émane bien d'une autorité étrangère régulièrement investie du pouvoir de juger, si elle est régulière en la forme ; si les voies d'exécution qu'il a ordonnées sont autorisées par la loi française, si quant au fond ce jugement ne porte pas atteinte à l'ordre public français. Dans la seconde, le tribunal doit étudier de nouveau l'affaire au fond, rechercher s'il a été bien ou mal jugé, si les droits des particuliers n'ont pas été atteints.

Dans cette théorie qui est celle de la jurisprudence, le tribunal rend un jugement nouveau, on procède devant lui au contentieux. Mais on se heurte alors aux textes, car ce n'est plus l'ancien jugement, mais le nouveau que l'on exécutera. Dans l'autre théorie que nous préférons, le jugement étranger subsiste ; il a l'autorité de la chose jugée. C'est lui que l'on exécute, mais il est soumis à un contrôle. Le tribunal ne vérifie pas seulement la forme, il voit si le fond n'est pas en contradiction avec les règles d'ordre public et il a le droit de refuser l'homologation alors même que le jugement est régulier en la forme ([1]). Enfin, certains auteurs ont proposé de permettre au tribunal français d'examiner le jugement étranger au fond, mais ils lui refusent le droit de substituer une autre décision à celle du tribunal étranger ; car, alors, de deux choses l'une : ou le tribunal, estimant que le jugement est bien rendu, accordera l'*exequatur* et ce sera bien le jugement étranger qui s'exécutera, ou bien le tribunal français, trouvant la décision mal rendue, refusera l'*exequatur* et alors il n'y aura pas d'exécution possible en France ([2]).

([1]) Cass., 28 mai 1881, *Clunet*, 82, p. 170.
([2]) Concl. de M. l'avocat général Saulnier de la Pinelais, Rapp. au *Dalloz*, 1880.

Dans tous les cas, quelle que soit celle de ces deux dernières opinions que l'on admette, le tribunal français fera certaine-ment un acte de juridiction gracieuse.

On le voit, le champ de la juridiction gracieuse est large et beaucoup d'actes en font partie. La matière est trop vaste pour que nous puissions l'étudier, même d'une façon som-maire, dans une thèse de doctorat. Il nous faut donc nous limiter et choisir une partie du sujet sur laquelle nous con-centrerons nos efforts. Quelque intérêt que puissent présen-ter les pouvoirs des magistrats jugeant individuellement, nous les laisserons de côté. Nous nous occuperons exclusi-vement des questions gracieuses soumises aux tribunaux civils de première instance pris en tant que tribunaux. Enfin, pour circonscrire notre étude, nous ne parlerons que des questions qui s'élèvent quant aux biens.

Pour traiter notre sujet, quel procédé emploierons-nous ? Nous avons vu l'échec successif de toutes les théories qui partent d'un *a priori* en matière gracieuse. La loi n'a pas formulé de théorie générale ; elle a posé des règles d'espèce. Ces règles, la coutume, la jurisprudence, les nécessités de fait, les ont successivement précisées et généralisées. Nous suivrons le plan tracé par le législateur, nous partirons des espèces. Nous allons prendre quelques cas qui, d'après le critérium que nous avons indiqué, sont de la juridiction gracieuse : homologation d'avis de parents ; homologation de partage ; autorisation de femme mariée ; aliénation d'im-meubles dotaux ; restriction de l'hypothèque légale de la femme mariée. Ces cinq espèces, nous les étudierons succes-sivement à la lueur des textes et de la jurisprudence. Nous

2. 52 ; Despagnet, *Dr. int. privé*, 2e édit., n. 308. — Nancy, 6 juil. 1877, D., 78. 2. 220. — Rennes, 26 déc. 1879, D., 80. 2. 52 ; Baudry-Lacantinerie et de Loynes, *Priv. et hyp.*, II, n. 1255.

analyserons ce qui constitue vraiment le caractère gracieux
de ces actes, la procédure à suivre, la mission du tribunal,
l'autorité de sa décision, les voies de recours dont elle est
susceptible, ses effets. Quand nous aurons fait cette analyse,
nous nous efforcerons, dans un dernier chapitre, de saisir
les points communs que présentent ces différents actes et de
faire sortir, tant des textes juridiques que des décisions de la
jurisprudence, les principaux éléments d'un système général.

CHAPITRE II

Nous nous occuperons ici de l'administration des biens des mineurs émancipés ou non et des interdits dans les cas où la justice intervient dans cette administration.

Le tuteur a reçu de la loi un mandat général pour représenter son pupille, il peut donc en principe gérer les affaires de celui-ci sans être soumis à aucun contrôle ([1]). Cependant, dans certains cas le tuteur pour agir doit être autorisé par le conseil de famille, pour d'autres il doit être autorisé par une délibération du conseil de famille homologuée par justice. Les actes pour lesquels cette double formalité est exigée sont ceux énumérés par les art. 457, 458, 467, 483, 484, 509 et 511 du C. civ., l'art. 2 du C. co., les art. 1 et 2 de la loi du 27 février 1880.

Il faut, pour que l'on se trouve en matière gracieuse, que les parties soient forcées de venir en justice. Cette condition est remplie toutes les fois qu'un texte précis exige, outre l'autorisation du conseil de famille, l'homologation de cette autorisation, les parties ne pouvant alors se passer de l'intervention du tribunal. Il ne faudrait pas dire (argument *a contrario* des articles plus haut cités) qu'il y a lieu à homologation toutes les fois que l'objet des délibérations dépasse la mesure des

---

([1]) Il en résulte encore que l'acte accompli par le tuteur sans respecter les formes prescrites par la loi n'est pas nul, mais que le mineur peut seulement en demander la nullité. Aubry et Rau, 5e éd., I, p. 693.

actes d'administration. Les délibérations des conseils de famille sont exécutoires par elles-mêmes; il en résulte qu'elles ne sont soumises à la formalité de l'homologation que quand la loi l'a spécialement exigé. Tel est d'ailleurs l'avis de la grande majorité des auteurs (¹) et un arrêt de la cour de Paris, du 24 décembre 1860, S., 61. 2. 248, nous montre que la jurisprudence partage leur opinion. « Considérant », dit cet arrêt, « que le législateur n'ayant pas ordonné l'homologation » il s'ensuit qu'elle n'est pas nécessaire et qu'il n'appartient » pas aux particuliers d'étendre les attributions du juge ». L'homologation n'est donc requise que dans les cas spéciale-ment indiqués par un texte. Ces cas, quels sont-ils? Il faut citer : 1° l'emprunt et l'hypothèque pour les mineurs émancipés ou non et l'interdit (art. 457, 458, 483 et 509 du C. civ.); 2° l'alié-nation d'immeubles, servitudes, usufruits et autres droits immobiliers appartenant aux mineurs émancipés ou non et aux interdits (art. 457, 458, 484 et 509 du C. civ.); 3° l'alié-nation de meubles incorporels dont la valeur excède 1,500 fr. appartenant aux mêmes personnes (art. 1 et 2 de la loi du 27 février 1880); 4° la transaction (art. 467, 484, 509 et 2043 du C. civ.) (²); 5° Le règlement de la dot de l'enfant de l'interdit (art. 511 du C. civ.); 6° l'autorisation pour le mineur éman-cipé de faire le commerce (art. 1 et 2 du C. co. et 487 du C. civ.).

Il faut en outre que les parties soient d'accord, il faut que, et le tuteur et le conseil de famille consentent; il faut que ces deux consentements coexistent. Sans l'autorisation du

(¹) Demolombe, VII, n. 325; Duranton, III, n. 474 et 477; Aubry et Rau, I, p. 387; Rousseau et Laisney, vᵒ *Conseil de famille*, n. 50 et 51; Chauveau sur Carré, quest. 3003; et cont. M. Magnin, I, 356.

(²) Il faut remarquer que c'est la transaction et non l'avis du conseil de famille que le tribunal homologue.

conseil de famille, le tuteur ne peut rien. C'est cet avis favorable qui doit être homologué, sans avis favorable pas d'homologation possible. Il se peut, et il arrive en fait souvent que la délibération du conseil de famille ne soit pas unanime, l'art. 883 du C. pr. civ. exige alors que l'avis de chaque membre soit mentionné au procès-verbal. Ce même art. 883 permet aux tuteur, subrogé tuteur et aux membres de l'assemblée dissidents de se pourvoir au principal contre les délibérations du conseil de famille quelles qu'elles soient et de les faire annuler pour la forme ou le fond. Mais il s'agit ici d'un procès contradictoire et contentieux qui ne rentre pas dans le cadre de notre étude. L'art. 888 du C. pr. civ. ouvre d'autre part contre les délibérations du conseil de famille une voie de recours anormale. Ce texte autorise en effet, d'une façon très formelle, les membres dissidents à intervenir dans la procédure en homologation en y faisant une opposition par acte extra-judiciaire. Ils doivent alors être appelés dans l'instance en homologation qui, par le fait de leur présence et de leur opposition, devient contradictoire, devient contentieuse et sort ainsi des limites que nous nous sommes imposées. Nous reviendrons d'ailleurs sur ce point lorsque nous parlerons des voies de recours contre le jugement d'homologation, et spécialement de l'opposition.

Nous avons indiqué plus haut les divers cas dans lesquels les parties, même d'accord, sont forcées de venir en justice. Il nous faut maintenant voir dans chacun d'eux quelles conditions doivent être réunies pour qu'il y ait lieu de prononcer l'homologation.

1° *Emprunt et hypothèque.* — Les art. 457, 458, 483 et 509 du code civil exigent, pour qu'un mineur émancipé ou non ou un interdit puisse emprunter ou hypothéquer ses biens, qu'il y soit autorisé par une délibération de son conseil de famille homologuée par le tribunal. Ce sont là deux actes graves souvent confondus en un seul, l'emprunt hypothécaire, qui peuvent très rapidement aboutir à l'aliénation des biens du mineur ou de l'interdit. D'ailleurs, pour constituer hypothèque, il faut être capable d'aliéner (art. 2144) et le mineur est incapable d'aliéner. Ce sont des actes si graves que le tribunal ne doit, aux termes des art. 457 et 458, homologuer la délibération que si elle est fondée sur « une néces » sité absolue » ou sur « l'avantage évident » de l'incapable ; conditions dont la preuve sera rapportée dans les formes de droit commun. Il y aura lieu à homologation toutes les fois que l'on contractera un emprunt ou que l'on constituera une hypothèque. On a cependant soutenu ([1]) qu'il n'y avait jamais lieu à homologation pour l'emprunt ou l'hypothèque, parce que l'art. 458 porte « les délibérations relatives à cet objet devront être homologuées » et que ce membre de phrase ne pouvait se référer qu'aux aliénations immobilières dont parle l'art. 457 *in fine*. Mais cette opinion, contraire à l'esprit de la loi, contraire au texte même de l'art. 483 qui exige une délibération homologuée quand il s'agit du mineur émancipé, a été rejetée par la grande majorité des auteurs ([2]). M. Toullier (II, 1223) enseigne, d'autre part, que l'autorisation du conseil de famille suffirait s'il s'agissait d'un emprunt sans hypothèque pour payer une dette certaine et exigible ; ou s'il s'agissait de rembourser une dette hypothécaire exigible avec subrogation au profit du prêteur. Nous rejetons cette solution ; les termes de l'art. 457 sont généraux et formels, nous ne voyons pas comment on peut y échapper ([3]). Nous irons

([1]) Locré, VI, p. 299 et 300.

([2]) Merlin, *Rép.*, v° *Hyp.*, sect. 2, part. 3, art. 6, n. 2 ; Magnin, I, 690 ; Demolombe, VII, 730 ; Aubry et Rau, I, 451 et note 23.

([3]) Aubry et Rau, I, n. 113, p. 452 ; Bertin, I, p. 360, n. 535.

même plus loin et nous dirons : Toutes les fois que le mineur ou l'interdit, à la suite d'une opération, se trouvera dans la condition d'un emprunteur ; par exemple lorsque le tuteur aura acheté à crédit des immeubles dont le prix ne pourrait être acquitté à l'aide du patrimoine actuel du pupille ou d'espérances prochainement réalisables, il y aurait lieu d'obtenir l'homologation du tribunal. C'est d'ailleurs ce qu'a jugé la cour de Nancy, le 9 mai 1885, D., 86. 2. 134. — Certes ces emprunts ou acquisitions pourraient tourner à l'avantage du pupille et être maintenus par lui parce qu'ils lui seraient utiles, mais il n'en serait pas moins vrai en principe, comme le disent fort bien MM. Aubry et Rau, que l'opération n'aura pas été rigoureusement conforme aux prescriptions de la loi.

Faut-il étendre ce que la loi dit de l'hypothèque à l'antichrèse ? Nous ne nous poserons pas ici la question de savoir si l'antichrèse est un droit réel. Nous dirons seulement qu'il y a là un acte grave et que puisque le tuteur ne peut consentir seul des baux de plus de neuf années il ne peut consentir une antichrèse sans se conformer aux art. 457 et 458 du code civil ([1]).

2° *Aliénations d'immeubles* (art. 457, 458, 484 et 509 du code civil). — La loi exige l'intervention de justice dans toute vente d'immeubles appartenant à des mineurs ou à des interdits. A défaut de cette formalité, la vente est nulle dans tous les cas et sans qu'il soit besoin de prouver que le mineur ou l'interdit aient subi un préjudice. Mais les textes ne parlent que des ventes volontaires ; s'il s'agissait d'une licitation provoquée par un copropriétaire indivis, d'une expropriation sur saisie ou pour utilité publique, cette formalité serait inutile ([2]).

([1]) Demolombe, VII, 742 ; Aubry et Rau, I, n. 113, p. 452, note 25 ; Massé et Vergé sur Zachariæ, I, p. 436, note 14.

([2]) Duranton, III, 591 ; Aubry et Rau, I, 451 ; Demolombe, VII, 733 s. ; Bertin, I,

Dans ces trois hypothèses, en effet, il y a une vente nécessaire.
La vente a lieu en quelque sorte en dehors du mineur et du
tuteur. Le législateur a d'ailleurs pris des mesures spéciales
pour sauvegarder les intérêts de l'incapable. Si, au cas de
licitation, la loi fait une exception formelle dans l'art. 460, ce
même art. 460 et l'art. 1687 exigent que la vente ait lieu en
justice et que les étrangers soient admis à enchérir. Au cas
d'expropriation forcée, la loi contient des mesures générales
dans l'intérêt du débiteur saisi. Enfin dans le cas d'expropriation pour cause d'utilité publique ; ou bien l'indemnité est
fixée par le jury, ou bien, aux termes de l'art. 13 de la loi du
3 mai 1841, le tribunal autorise sur requête et le ministère
public entendu, le tuteur à consentir l'aliénation amiable (¹).
Pourquoi demander au conseil de famille une autorisation
qu'il ne pourrait refuser ?

Il s'agit donc de ventes volontaires. Ces ventes ne peuvent
avoir lieu que pour « nécessité absolue » ou « avantage évi-
» dent ». Le conseil de famille, en donnant son autorisation, indiquera les immeubles qui seront aliénés de préférence, la nature
de ces biens et leur valeur approximative (art. 953 du C. pr.
civ.) (²) ; il montrera ainsi la nécessité de l'aliénation ou l'avantage qui en résultera pour le mineur. MM. Aubry et Rau
ajoutent fort justement : « Le conseil de famille peut, en
» outre, proposer les conditions qu'il juge utile d'apposer à
» la vente ; mais c'est au tribunal qu'il appartient de les déter-
» miner définitivement » (art. 953, 955 C. pr. civ.). Enfin la
forme dans laquelle la vente doit avoir lieu est indiquée par
l'art. 459 du code civil : enchères publiques, publicité, etc.

542; Laurent, V, 91 s.; Massé et Vergé sur Zachariæ, I, p. 437; Pothier, *Des pers.*,
Part. I, t. VI, art. 3.

(¹) Aubry et Rau, 5ᵉ édit., n. 113, p. 705.

(²) Bertin, n. 543; Aubry et Rau, 5ᵉ édit., p. 703, § 113, t. I.

Les règles que nous venons d'indiquer sont-elles applicables à l'échange aussi bien qu'à la vente? Non, répond Zachariæ : « Le conseil de famille n'a pas le droit d'autoriser » l'échange d'un immeuble appartenant à un mineur ». L'art. 459, dit-il, indique les formes dans lesquelles la vente aura lieu, ces formes ne peuvent s'appliquer à l'échange, donc l'échange des immeubles d'un mineur est impossible. Et M. Laurent, qui est du même avis ([1]), fait remarquer qu'il ne peut jamais y avoir nécessité absolue ni avantage évident à faire un échange, alors que ces cas sont les seuls où la vente soit permise. Malgré l'autorité de ces deux auteurs, nous admettrons cependant l'opinion contraire qui était consacrée par notre ancienne jurisprudence. Prohiber l'échange serait fâcheux, alors surtout qu'en matière de régime dotal notamment la loi se montre moins sévère pour l'échange que pour la vente ; autorisant le premier dans les cas où elle prohibe la seconde et que l'art. 1707 étend à l'échange toutes les règles relatives à la vente. Pourquoi donc en excepter une? Si on ne peut concevoir un échange nécessaire, on conçoit facilement un échange avantageux pour le mineur ; échange d'un immeuble éloigné contre un immeuble contigu à un autre qu'il possède par exemple ([2]). Cet avantage sera simplement constaté par la délibération du conseil de famille. Et nous nous trouverons ainsi d'accord avec la jurisprudence qui a plusieurs fois jugé en ce sens (Toulouse, 9 août 1827).

Faut-il encore appliquer les mêmes règles à l'aliénation de droits immobiliers. Oui très certainement, car la constitution d'un usufruit immobilier est une vente d'immeubles qui doit en conséquence être soumise aux formalités des ventes

([1]) Massé et Vergé sur Zachariæ, I, n. 437, note 20; Laurent, V, n. 91.
([2]) Aubry et Rau, I, n. 113, p. 450, note 18; Demolombe, VII, n. 737; Bertin, I, n. 551, D., v° *Minorité,* n. 545 et l'arrêt en note.

d'immeubles. Seul de tous les auteurs M. Zachariæ est ici d'un avis contraire (¹). Le tuteur aura donc besoin d'une autorisation du conseil de famille homologuée par le tribunal, pour consentir un usufruit, un bail emphytéotique, une servitude passive sur un immeuble du mineur ou renoncer à une servitude active; pour aliéner des mines et des carrières qui constituent les entrailles mêmes du sol appartenant au mineur; pour proroger le délai fixé pour l'exercice du réméré (Cass., 18 mai 1813, S., 13. 1. 326); résilier l'acquisition d'un immeuble faite par le mineur (Cass., 18 déc. 1825); aliéner une créance garantie par une action résolutoire (Seine, 22 juin 1853; 8 fév. 1855); transférer d'un immeuble sur un autre une hypothèque appartenant au mineur ou aliéner la créance qu'elle garantit (Cass., 18 juillet 1843, S., 43, 1. 778); donner main levée d'une hypothèque qui garantit le paiement d'une créance du mineur (²). Cependant ici la jurisprudence distingue suivant que le tuteur a reçu ou non le payement de la créance.

Dans plusieurs des cas que nous venons d'indiquer, l'accomplissement des formalités judiciaires prescrites pour l'aliénation des biens de mineurs ne pourra avoir lieu. Il est clair, par exemple, que l'adjudication sera impossible, s'il s'agit de constituer une servitude sur le fonds d'un mineur au profit d'un fonds voisin. Il se peut que la concession d'une servitude peu onéreuse pour le mineur, soit pour lui l'occasion d'un bénéfice considérable, si le propriétaire voisin y met un grand prix; et nous croyons que c'est interpréter sainement la loi que d'appliquer ici les art. 457 et 458 plutôt

(¹) Massé et Vergé sur Zachariæ, I, p. 436, note 13. — V. en notre sens Bertin, I, n. 369; Demolombe, VII, n. 735; Aubry et Rau, I, p. 450, note 17; Laurent, XXIII, n. 90; D., vº *Minorité*, n. 535.
(²) Massé et Vergé sur Zachariæ, I, p. 436, note 1.

FAURE   3

que de décider qu'aucune servitude ne peut être constituée par un tuteur sur les immeubles de son pupille.

3° *La transaction*. — Nous arrivons ainsi à la transaction, pour laquelle l'art. 467 C. civ. pose certaines règles en ce qui concerne les mineurs et que les art. 484-509 et 2043 ont étendues aux interdits. La transaction est un contrat dans lequel les parties tranchent par des concessions réciproques une question qui leur paraît litigieuse. La transaction, on le voit, est un acte particulièrement grave. Celui qui transige abandonne partie d'un droit qu'il croyait fondé pour le tout; il aliène, sans être certain de recevoir quelque chose. Aussi la loi, pour protéger les incapables, a-t-elle multiplié les formalités à remplir. D'où nous concluons que la transaction ayant toujours la même gravité, les mêmes formalités doivent toujours être observées quel que soit le montant de l'intérêt engagé et que la transaction porte sur un droit mobilier ou sur un droit immobilier (1). L'opinion contraire était reçue par notre ancienne jurisprudence pour les droits mobiliers du mineur (Merlin, *Répertoire*, v° *Transaction*, I, n. 3), mais en présence des termes de l'art. 467, la question n'est même plus discutable. Il faut, pour que le tribunal homologue la transaction, que le conseil de famille ait donné son autorisation, et que l'on ait pris l'avis de trois jurisconsultes désignés par le procureur de la République près le Tribunal de première instance. Mais dans quel ordre ces deux formalités doivent-elles être remplies? Les textes sont muets sur ce point, la plupart des auteurs aussi. M. Demolombe (VII, n. 746), qui traite la question, dit que, logiquement, la consultation des trois jurisconsultes doit être soumise au conseil de

(1) Laurent, V, n. 96; Aubry et Rau, I, p. 453, note 30; Delvincourt, sur l'art. 456; Marcadé, *ibid.*; Massé et Vergé, I, p. 440 et note; Demolombe, VII, n. 747; Demante, II, n. 227 *bis;* Bertin, I, n. 563.

famille en même temps que le projet de transaction, cet avis ayant pour but d'éclairer le conseil de famille; mais il ajoute aussitôt que l'homologation du tribunal couvrirait la nullité pouvant résulter de l'interversion des formalités. M. Bertin, au contraire (I, n. 562), argumentant de l'ordre dans lequel l'art. 467 énumère les deux formalités, soutient la thèse opposée. Pour nous, peu importe; il y a là deux formalités distinctes destinées toutes deux à éclairer le tribunal à qui l'on demande l'homologation. Le conseil de famille se prononçant sur l'utilité en fait; les trois jurisconsultes devant examiner en droit la valeur des prétentions des parties en présence. Les trois jurisconsultes dont nous parlent les textes sont tout simplement, en pratique, trois avocats exerçant depuis plus de dix ans. Cette pratique est d'ailleurs conforme à l'intention du législateur, car lors du vote du code, l'ordre des avocats, supprimé par l'art. 10 de la loi du 2 septembre 1790, n'avait pas encore été rétabli. Mais que signifient au juste ces mots de la loi : « De l'avis de trois jurisconsultes ». De nombreux auteurs les traduisent : « Conformément à l'avis » de »; pour eux, il faut non seulement l'assentiment mais l'adhésion ([1]). M. Demolombe va même très loin en ce sens ([2]). « Il semble, dit-il, résulter de la formule que l'avis des trois » jurisconsultes devrait être unanime, car il ne s'agit ni d'un » jugement ni d'une délibération dans lesquels la majorité » doit l'emporter sur la minorité ». Raisonner ainsi, c'est rendre toute transaction impossible ,sur une même question combien de fois trois hommes sont-ils du même avis? Alors pourquoi faire intervenir le tribunal? Dans ce système, les trois jurisconsultes sont les véritables juges de la transac-

---

([1]) Massé et Vergé sur Zachariæ, I, p. 440, note 46; Aubry et Rau, I, p. 453, texte et note 30; Laurent, V, n. 96.

([2]) Demolombe, VII, n. 745.

tion. Nous avons indiqué par avance comment nous comprenions le rôle des trois jurisconsultes ; peu importe leur avis, cet avis sert seulement à éclairer le tribunal ; aussi dirons-nous, avec M. de Fréminville ([1]), que le tribunal pourrait homologuer l'autorisation du conseil de famille « lors même » que les avocats consultés auraient émis un avis diamétrale-» ment opposé à la délibération ». L'avis des trois jurisconsultes ne peut avoir pour effet de rendre inefficace l'autorisation du conseil de famille et inutile l'examen et l'appréciation de la chambre du conseil.

Ce que nous venons de dire ne s'applique ni à l'acquiescement, qui est un abandon unilatéral de droits et pour lequel l'autorisation du conseil de famille est nécessaire et suffisante en matière immobilière seulement ; ni au compromis.

4° *Aliénation de meubles incorporels d'une valeur supérieure à 1,500 fr.* — Les art. 1 et 2 de la loi du 27 février 1880 décident que le tuteur ne peut aliéner les obligations et meubles incorporels appartenant à un mineur ou à un interdit sans une autorisation du conseil de famille ; et lorsque, de l'avis du conseil de famille, les meubles vaudront plus de 1,500 fr., la décision devra être homologuée de justice. Le code civil, parti du principe *res mobilis res vilis*, ne disait rien des meubles appartenant aux mineurs et aux interdits. Avec le développement de la fortune mobilière, la lacune du code se fit bientôt sentir. Il fallait empêcher les tuteurs de spéculer sur les valeurs appartenant à leurs pupilles. Dès le 24 mai 1806, une loi exigea l'autorisation du conseil de famille pour l'aliénation des rentes de plus de 50 fr. sur l'Etat et cette formalité fut, par le décret du 25 septembre 1813, étendue aux actions de la Banque de France. C'était peu, car

([1]) De Fréminville, II, n. 753 ; Bertin, I, n. 362.

la loi laissait en dehors d'elle une foule de valeurs mobilières et même les titres visés pouvaient être convertis sans autorisation aucune de titres nominatifs en titres au porteur, en titres facilement réalisables. La loi de 1880 est venue remédier à ces divers inconvénients. En ce qui touche spécialement le sujet que nous étudions, la loi pour les aliénations de valeurs mobilières supérieures à 1,500 fr. exige une autorisation du conseil de famille homologuée par le tribunal. Elle n'exige pas ici, comme pour l'emprunt ou l'hypothèque, une nécessité absolue ou un avantage évident [1]. Le conseil de famille est seul juge de l'opportunité de la négociation; il indique en outre les formalités qu'il croit utiles pour protéger l'incapable et sauvegarder ses intérêts. Mais à quels meubles s'applique la loi de 1880? Son art. 1er parle d'actions, parts d'intérêt, obligations et autres meubles incorporels. Quels sont ces meubles incorporels? Nous comprendrons sous ce titre, avec la circulaire ministérielle du 20 mai 1880, le prix de cession d'un office, les créances sur les particuliers, les fonds de commerce, etc., etc.

Le tribunal, en homologuant, détermine la forme de l'aliénation.

5° *Règlement de la dot de l'enfant de l'interdit.* — La loi ne parle ici que de l'interdit et non du mineur; pour ce dernier, en effet, il est impossible que le cas se présente. L'art. 511 qui prévoit le cas exige l'intervention du conseil de famille et l'homologation du tribunal. Nous sommes ici en présence d'un texte très spécial dont il nous faut tout d'abord délimiter le champ d'application. L'art. 511 s'exprime ainsi : « Lors » qu'il sera question du mariage de l'enfant d'un interdit la » dot, ou l'avancement d'hoirie, et les autres conventions

_____

[1] Baudry-Lacantinerie, I, n. 1094.

» matrimoniales seront réglées par un avis du conseil de
» famille homologué par le tribunal sur les conclusions du
» procureur impérial ». Faut-il prendre ce texte à la lettre ?
Non il ne peut vouloir dire que le conseil de famille règlera
les conventions matrimoniales du fils de l'interdit, car il con-
tredirait alors les art. 1095, 1309 et 1398, qui appliquent au
mineur la vieille maxime *Habilis ad nuptias habilis ad pacta
nuptialia.* La loi veut seulement dire, croyons-nous, que le
conseil de famille peut n'autoriser la libéralité que sous la
condition que tel régime matrimonial sera adopté ([1]). L'art.
511 s'applique aux enfants de l'interdit, s'applique-t-il aussi
à ses enfants naturels et à ses petits-enfants dont les père et
mère sont décédés ? La question est discutée. Duranton ([2]),
s'en tenant à la lettre même du texte, dit qu'il comprend les
enfants naturels, mais non les petits-enfants. Pour nous, il
faut entendre le texte dans son sens le plus large ; sous la
dénomination générique d'enfants, le législateur a certainement voulu comprendre les petits-enfants. D'ailleurs la théorie de M. Duranton, au moment où il l'écrivait, contenait une
anomalie puisqu'elle étendait l'art. 511 à des héritiers dont
on discutait la qualité de réservataires alors qu'elle le refusait aux petits-enfants. Et d'ailleurs ce droit à la réserve qu'ont
les petits-fils, et nous pouvons aujourd'hui dire les enfants
naturels, peut servir de critérium pour l'extension de l'article 511 ([3]).

Faut-il, d'un autre côté, étendre l'art. 511 à des cas autres
que la dotation pour mariage ? Le texte ne parle que du ma-

([1]) Baudry-Lacantinerie, I, n. 1176 ; Demolombe, VIII, 590 ; Laurent, V, 298 ;
Aubry et Rau, I, p. 521.
([2]) Duranton, III, 766.
([3]) Demolombe, VIII, 586 ; Bertin, I, 698 ; Aubry et Rau, I, 521, note 15 ; Massé
et Vergé sur Zachariæ, I, 470, note 13.

riage et d'aucuns proposent de s'en tenir là (¹). Le but de la loi, au contraire, nous paraît être de permettre au tuteur de faire pour l'établissement des enfants de l'interdit ce que l'interdit ferait lui-même s'il avait sa raison. Or ce n'est pas seulement à l'occasion de leur mariage que les père et mère transmettent à leurs enfants une certaine partie de leurs biens à titre d'avancement d'hoirie. Ils le font pour leur procurer un état, un fonds de commerce, une étude, en un mot pour tous les faits que la loi, dans les art. 851, 1422, 1555 et 1556, désigne sous le mot *établissement;* qu'elle met sur la même ligne dans l'art. 204 et qui tous sont une dette naturelle que le père se fait un bonheur d'acquitter (²). Bertin a ici une théorie étrange qu'il convient de signaler (I, n. 699), se fondant sur une décision du tribunal de la Seine du 19 nov. 1852, il exige bien une autorisation du conseil de famille, mais ajoute que celle-ci n'a pas besoin d'être homologuée. Nous ne comprenons pas cette théorie qui imposerait sans texte une autorisation et dispenserait d'homologation faute d'un texte formel. Le conseil de famille autorise la libéralité, en fixe le chiffre, indique les valeurs que l'on doit y appliquer ; mais il ne peut autoriser que la libéralité en avancement d'hoirie. Il y a là un droit exceptionnel accordé au conseil de famille, car, en principe, les représentants d'un incapable ne peuvent faire une libéralité en son nom. La loi n'a dérogé au principe que parce que, dans notre espèce, elle voit une obligation naturelle à remplir. Mais si le père a la libre disposition de ses biens dans la limite du disponible, le conseil de famille, au contraire, n'intervient que par nécessité et il fallait limi-

---

(¹) Laurent, V, n. 299.

(²) Demolombe, VIII, n. 588; Massé et Vergé sur Zachariæ, 1, p. 470, note 14; Aubry et Rau, I, p. 521, note 16; Baudry-Lacantinerie, I, n. 1176; Dalloz, vᵒ *Interdiction*, n. 193. — Bordeaux, 6 juin 1842, S., 42. 2. 485.

ter son pouvoir. Or, s'il est nécessaire de doter, il n'est pas nécessaire de doter par préciput. La loi veut, en effet, que ce que le tribunal permet à l'enfant de prendre en avancement d'hoirie soit rapporté par lui à la succession de l'interdit (art. 843) de manière qu'en fin de compte il ne reçoive pas plus que ses cohéritiers. La loi a fait une exception; il faut donc donner aux mots leur sens le plus restreint ([1]).

L'intervention du conseil de famille n'est nécessaire que lorsqu'il s'agit de doter l'enfant ou de lui faire un avancement d'hoirie sur les biens de l'interdit. Si donc le père étant interdit la mère veut doter l'enfant avec ses biens propres, elle n'aura besoin que de l'autorisation du tribunal qui remplace celle que son mari ne peut lui donner; et, si c'est la mère qui est interdite, le père pourra doter l'enfant sur ses biens personnels sans avoir besoin du consentement de personne. Enfin, si l'enfant est majeur et s'il se dote avec ses biens propres, l'intervention du conseil de famille est inutile.

6° *Autorisation de faire le commerce pour mineurs émancipés.* — Les art. 1 et 2 du C. co. et l'art. 487 du C. civ. permettent d'habiliter, sous certaines conditions, le mineur à faire du commerce. Nous n'avons à nous occuper ici que du mineur émancipé qui a perdu ses père et mère, car, pour lui seul, l'intervention du tribunal est indispensable; nous laissons aussi de côté toutes les formalités postérieures à l'homologation de l'autorisation donnée par le conseil de famille. Quelles conditions doivent se trouver réunies? Il faut d'abord que le mineur soit émancipé; il faut, en second lieu, qu'il ait au moins dix-huit ans. La première condition est nécessaire pour donner une certaine capacité au mineur; la seconde

---

([1]) Laurent, V, n. 297; Demolombe, VIII, n. 585; Berlin, I, n. 697; Duranton, III, n. 763; Aubry et Rau, I, p. 521, et note 14; Baudry-Lacantinerie, I, n. 1176; Massé et Vergé sur Zachariæ, I, p. 470, notes 15 et 16.

pour qu'il puisse en fait faire le commerce. Le conseil de
famille intervient ensuite et vérifie quel avantage le pupille
pourra retirer du commerce; il peut autoriser ou refuser
l'autorisation, il peut même autoriser sous condition et limiter son autorisation à un genre de commerce (¹). La délibé-
tion favorable du conseil de famille est alors soumise au tribunal qui l'homologue et l'autorisation de faire le commerce
est publiée dans certaines formes dont l'examen, pas plus
que celui de la capacité du mineur commerçant, ne rentre
dans le cadre de notre thèse.

Les dispositions que nous venons d'indiquer s'appliquent
à tous les mineurs émancipés, même à la femme mariée mineure à qui l'autorisation de son mari ne suffirait pas. C'est
ce qui résulte de la généralité des termes de l'art. 2 du code
de commerce que ne contredit en rien l'art. 4 du même code
et c'est ce qu'a jugé la cour de Toulouse le 26 mai 1821 (²).
Mais il ne faudrait pas vouloir assimiler le mineur artisan au
mineur commerçant, car l'art. 1308 les distingue bien nettement et l'art. 1387 du même code civil suppose qu'un mineur
non émancipé peut être artisan (³).

Nous n'avons pas parlé des aliénés non interdits dont
traite la loi du 30 juin 1838. Nous ne nous occupons, en effet,
que de ce qui a trait aux biens et à ce point de vue pour les
aliénés non interdits il n'y a jamais lieu de recourir à une
homologation du tribunal. L'administrateur provisoire, le
mandataire spécial ou le curateur à la personne n'ont que
des pouvoirs très limités. On ne peut enlever tous leurs droits
aux aliénés sans une décision de justice. Donc pour tous les

(¹) Demolombe, VIII, n. 340, 342.
(²) S., 22. 2. 38; Bertin, I, n. 604; Duranton, III, n. 700; Demolombe, IV, n. 249.
(³) Bertin, I, n. 607; Duranton, III, n. 644,

actes de large administration ou de disposition, il n'y aura d'autre moyen d'agir valablement que de recourir à l'interdiction.

Le tribunal compétent pour connaître de ces diverses demandes en homologation est celui dans le ressort duquel l'assemblée de famille a été tenue, qui est aussi celui du domicile du mineur, et cela même lorsqu'il s'agit d'aliénations d'immeubles. C'est par ce tribunal, en effet, que la situation du mineur sera le mieux appréciée ; c'est cette situation qui, dans l'espèce, est la chose importante, elle offre plus d'intérêt que l'évaluation des immeubles, etc., etc. ; c'est eu égard à cette situation que le tribunal se prononce (¹). On pourrait ajouter qu'il s'agit ici d'une action personnelle, et qu'en pareille matière la compétence du tribunal du domicile est la compétence du droit commun.

Devant ce tribunal comment procèdera-t-on ? Si la délibération du conseil de famille ne fixe pas de délai pour son homologation, dans la quinzaine le tuteur ou un membre du conseil de famille désigné doit poursuivre l'homologation ; à défaut de quoi l'art. 887 du code de procédure civile autorise tout membre du conseil à poursuivre l'homologation « aux » frais du tuteur ». Tout parent, « même au degré de cousin » germain ou plus proche » (art. 445 C. civ.) pourrait, croyons-nous, prendre l'initiative de cette demande. La partie qui poursuit l'homologation présente au tribunal une requête et une expédition de la délibération à homologuer. Au bas de la délibération, le président rend une ordonnance de soit communiqué au ministère public et commet un juge pour en faire le rapport au jour indiqué (²). M. Thomine-Desmazures, loin

(¹) Demolombe, VII, n. 347 ; Darouy, thèse, p. 109 ; Garsonnet, VI, § 1291.

(²) Bioche, v° *Conseil de famille*, n. 57 ; Rousseau et Laisney, *eod. v°*, n. 52 ; Thomine-Desmazurés, II, p. 499 ; Chauveau sur Carré, quest. 3002.

d'approuver cette marche, critique la disposition qui veut que l'ordonnance du président soit mise au bas de la délibération du conseil, ce qui oblige à déposer le tout au greffe, et, par conséquent, d'en délivrer une seconde expédition avec le jugement, lorsqu'il suffit évidemment de délivrer expédition de l'ordonnance, la minute de la délibération du conseil de famille existant sur le registre du greffe de la justice de paix. Cet auteur ajoute que l'usage, dans quelques tribunaux, est de joindre la copie de la délibération à une requête présentée à part et sur laquelle se mettent l'ordonnance, les conclusions et le jugement, ce qui évite les frais d'une seconde copie. Il convient du reste que cet usage n'est pas conforme à la lettre de l'art. 883. Pour nous, nous pensons qu'il y a lieu de joindre à la délibération une requête, car le ministère des avoués est obligatoire dans toute procédure à fin d'homologation (¹) et que l'art. 78, § 11 du décret du 16 février 1807 fixe le coût de « la requête à fin d'homologation de » l'avis d'un conseil de famille ». Mais pour vêtir la loi, nous croyons que l'ordonnance de soit communiqué, bien que la chose soit peu logique, doit être rendue au bas de la délibération. Le ministère public donne des conclusions au bas de l'ordonnance (art. 886), ce qui d'ailleurs ne le dispense pas de conclure verbalement à l'audience quand l'affaire y est appelée. Le ministère public a, en effet, ici un rôle spécial; il représente en quelque sorte l'incapable et sauvegarde ses intérêts; il est le contradicteur du tuteur; et il veille non seulement à ce que la loi soit vêtue, mais encore à ce que l'incapable ne soit pas lésé. Il ne faudrait pas dire cependant que le procureur de la république est partie au procès; un arrêt de cassation du 15 juillet 1890 (²) lui refuse formellement

(¹) Rousseau et Laisney, v° Conseil de famille, n. 56.
(²) D., 90. 1. 361.

cette qualité, et l'art. 2 de la loi du 27 février 1880 dit seulement que le procureur sera entendu. L'affaire vient alors à l'audience, elle est jugée en chambre du conseil ; il n'y a lieu a audience publique que lorsqu'il y a désaccord entre les membres du conseil de famille, c'est-à-dire lorsqu'on se trouve en matière contentieuse (¹). Le jugement est ensuite rendu et sa minute est (art. 886) portée sur la délibération à la suite des conclusions du ministère public et sur le même cahier pour économiser les frais. Mais nous avons fait observer plus haut que le but de la loi est totalement manqué. Aussi excusons-nous les tribunaux qui réunissent l'ordonnance et les conclusions du ministère public à la suite de la requête de l'avoué qui sert alors de minute ; car s'ils violent le texte formel de l'art. 885, ils se conforment scrupuleusement à l'esprit de la loi, qui est de faire le moins de frais possible (²).

Nous abordons maintenant une question délicate, celle de savoir ce que peut, ce que doit faire un tribunal lorsqu'une demande en homologation de délibération d'un conseil de famille lui est soumise. Pour nous, disons-le tout de suite, sauf les exceptions portées aux articles 954 et 955 du Code de procédure civile, les tribunaux n'ont qu'un seul pouvoir, homologuer ou refuser d'homologuer, jamais ils ne pourront modifier la délibération. Cela résulte tout d'abord des termes de l'article 458 du Code civil : « Les délibérations relatives à » cet objet ne seront exécutées qu'après que le tuteur en » aura demandé et obtenu l'homologation, etc... » Ce sont les délibérations elles-mêmes et non les jugements d'homologation qui doivent être exécutées ; quelle pourrait donc être la portée des modifications prescrites par le tribunal ? D'ailleurs,

---

(¹) Chauveau sur Carré, quest. 3003.
(²) Rodière et Pont, II, p. 440.

comme le dit Demolombe ([1]) : « Le législateur, en exigeant
» pour certains actes importants de la tutelle la double for-
» malité de l'autorisation du conseil de famille et de l'homo-
» logation du tribunal, a voulu réellement obtenir cette dou-
» ble garantie dans l'intérêt du mineur. Or, son but ne serait
» pas atteint, si, tandis que le conseil de famille avait de son
» côté autorisé une mesure, le tribunal de son côté autorisait
» une mesure différente qui n'a pas été délibérée ni adoptée
» par le conseil de famille ».

Cette opinion est aujourd'hui à peu près unanimement admise, et la cour de cassation décide que les tribunaux « ne
» peuvent se substituer au tuteur et au conseil de famille et
» ordonner d'office des mesures qui n'ont été ni demandées ni
» délibérées » ([2]). L'opinion contraire est aujourd'hui à peu
près abandonnée, M. Laurent, qui (V. n. 88) la défendait encore, invoquait à son appui un arrêt de la cour d'Angers et
disait que c'était la seule manière de sauvegarder d'une façon
efficace les intérêts du mineur. Mais chose curieuse, d'une
part l'arrêt cité par M. Laurent a été cassé par la Cour de
cassation le 17 décembre 1867 et, d'un autre côté, M. Laurent,
dans le tome II, n. 464 du même ouvrage, avait contredit par
avance la solution qu'il allait donner en décidant que : si le
tribunal trouve qu'il n'y a pas lieu d'approuver la délibération, il refusera de l'homologuer, sauf au conseil à modifier
son avis. Donc, nous pouvons dire que les tribunaux excèdent
leurs pouvoirs en modifiant la délibération qu'on leur présente et qu'ils ne peuvent, par exemple, ordonner la vente
d'immeubles autres que ceux désignés par la délibération.

([1]) Demolombe, VII, n. 749 *bis.*

([2]) Cass., 9 février 1863, S., 63. 1. 113. — Aubry et Rau, I, p. 388; *Pand. fr.*, vᵒ
Cons. de famille, n. 670; Fuzier-Herman, *Rép. de Dr. fr.*, eod. vᵒ, n. 355. — Dalloz, *Rép.*, vᵒ *Minorité*, n. 543.

(Cass., 17 décembre 1867, D., 67. 1. 482, et cour de Toulouse, 8 mai 1882, S., 83. 2. 160).

A cette proposition que nous venons de formuler en termes absolus, les articles 954 et 955 du code de procédure civile apportent certaines limitations en donnant aux tribunaux le droit indéniable de déterminer les mises à prix, d'indiquer les conditions de la vente, d'indiquer par exemple si les immeubles seront vendus en bloc ou en parcelles, avec ou sans réunion de lots (Cass., 1863 précité), de renvoyer la vente des biens devant un juge commissaire ou un notaire commis (Cass., 20 janvier 1880, D., 80. 1. 161). Le conseil de famille a pu être consulté sur ces diverses questions, c'est le tribunal seul qui statue souverainement (Rouen, 20 avril 1883, S., 83, 2. 191). Mais entre ces modifications permises et celles prohibées, se placent une foule de situations intermédiaires pour lesquelles la difficulté est grande. Les tribunaux peuvent-ils par exemple prescrire pour la vente et l'emploi du prix certaines conditions de nature à sauvegarder les intérêts de l'incapable plus complètement encore que ne l'a fait le conseil de famille? Oui, pense M. Bertin ([1]), car ces mesures ne sont que purement accessoires et ne modifient pas la délibération soumise à l'homologation, elles n'en sont, dit-il, que la conséquence, le corollaire et le complément. Il cite à l'appui une jurisprudence constante du tribunal de la Seine. Mais la solution contraire nous paraît préférable, elle est plus conforme aux principes et est adoptée par la cour de cassation, qui, en 1863 et 1867, l'a consacrée d'une façon très formelle ([2]).

La décision qui homologue la délibération d'un conseil de famille a-t-elle l'autorité de la chose jugée? Laurent, dans ses

[1] Ch. du Conseil, I, 543, Bertin.
[2] Rousseau et Laisney, v° *Conseil de famille*, n. 57.

Principes de droit civil, indique en quelques mots la réponse
qu'il faut donner (¹). « Dans l'ancien droit, les avis de parents
» homologués par le tribunal produisaient la chose jugée. Il
» faut écarter la tradition en cette matière parce que les lois
» nouvelles ont séparé la juridiction contentieuse et la juri-
» diction volontaire qui, jadis, étaient confondues. On jugeait
» aussi sous l'ancien droit que le jugement qui homologuait
» une transaction consentie par une commune acquérait l'au-
» torité de la chose jugée. Les tribunaux étant investis de
» la juridiction volontaire, on était porté à confondre les actes
» de cette juridiction avec les jugements. Maintenant que les
» deux juridictions sont séparées, il est évident que les déli-
» bérations des conseils de famille ne peuvent avoir l'autorité
» attachée à la chose jugée, nous en avons dit la raison; les
» avis de famille, quoique homologués, ne sont pas des juge-
» ments, donc ils ne peuvent pas avoir l'autorité de la chose
» jugée ». Les auteurs sont aujourd'hui à peu près tous de
cet avis (²). La jurisprudence est constante en ce sens (³) L'on
peut citer comme type de ses décisions, un jugement du tribunal de la Seine du 15 mars 1845 rapporté par Bertin dans
son ouvrage sur la Chambre du conseil, I, n. 27 où se lisent
les attendus suivants : « Attendu qu'en matière d'homologation
» d'avis de parents sur simple requête il n'y a jamais, à pro-
» prement parler, d'instance à vider, il n'y a jamais deux inté-
» rêts en présence, il n'en existe et n'en peut exister qu'un
» seul, celui du mineur ; — Que ces jugements ne sont en quel-
» que sorte que des actes d'administration de haute tutelle, de

(¹) Laurent, XX, n. 7.
(²) Fuzier-Herman, *Rép.*, vᵒ *Conseil de famille*, n. 403; *Pand. franç.*, vᵒ *Chose
jugée*, n. 56; Demolombe, XXX, n. 285; Baudry-Lacantinerie, II, n. 1285.
(³) Cass., 18 juil. 1826, S., 27. 1. 57. — Aix, 3 fév. 1832, S., 32. 2. 307 — Cass.,
17 déc. 1849, S., 50. 1. 299.

» simples autorisations d'exécuter le vœu de la famille, tou-
» jours susceptibles d'être remplacés par une décision nou-
» velle en ce sens que, n'ayant été inspirés et ne se soutenant
» que par l'intérêt unique du mineur, ils ne sauraient jamais
» lui devenir nécessairement préjudiciables par cela seul que
» l'exécution en aurait été antérieurement permise sous l'em-
» pire d'autres circonstances... ; — Qu'il faut conclure de ce
» qui précède qu'en matière d'homologation d'avis de parents
» l'autorité de chose jugée n'existe pas ». Il est aussi de juris-
dence constante que l'on peut toujours attaquer par voie principale une délibération de conseil de famille homologuée,
ce qui serait contraire à l'autorité de la chose jugée et à la
maxime « Voies de nullité n'ont lieu contre les jugements » ([1]).
Nous concluons donc que la décision qui homologue une
délibération de conseil de famille n'est pas un jugement véritable et n'a pas l'autorité de la chose jugée (C. de Bordeaux,
22 février 1888) ([2]).

Quelles voies de recours sont possibles contre ces décisions?
Et tout d'abord l'appel est-il possible? Il semble que la
réponse à cette question soit facile car l'art. 889 du C. pr. civ.
dit : « Les jugements rendus sur la délibération du conseil de
» famille sont sujets à appel ». Cependant malgré la généralité des termes de la loi, il y a une controverse fort grave sur
laquelle nous allons nous expliquer.

Il est certain que s'il y a eu des contestations, si des difficultés se sont élevées au moment de la délibération, et si certains membres du conseil de famille s'opposent à l'homologation de la délibération, l'appel de la décision du tribunal est
possible car on est en matière contentieuse, et l'appel est de
droit commun. En vertu de l'art. 889 l'appel est même possi-

([1]) Aubry et Rau, I, p. 388.
([2]) Aubry et Rau, 5e éd., I, n. 113, p. 710 et note 31 *bis*.

ble quel que soit l'intérêt engagé, cet intérêt fût-il inférieur à 1,500 fr. La loi, vu la faveur due aux incapables, n'a pas eu égard à la somme qui fait l'objet de la délibération mais à la nature de la chose décidée (¹). D'autre part l'art. 2 de la loi du 27 février 1880 apporte une première exception à la règle de la généralité de l'appel. Cet article, après avoir indiqué que le tuteur ne peut aliéner les rentes, actions et parts d'intérêt appartenant au mineur, lorsque leur valeur dépasse 1,500 fr. sans une délibération du conseil de famille homologuée par le tribunal, ajoute : « Dans tous les cas le jugement » sera rendu en dernier ressort ». Cette disposition paraît doublement exceptionnelle, elle contredit l'art. 889 et déroge au droit commun, puisque, à l'inverse de l'art. 889 qui autorise l'appel, même au-dessous du taux de droit commun, notre texte le prohibe alors que ce taux est forcément atteint. Si nous consultons les travaux préparatoires de la loi de 1880 (²), nous voyons que cette disposition a été introduite par la commission du Sénat. La commission du Sénat a pensé qu'il s'agirait le plus souvent d'une homologation simple, sur requête, que la décision du tribunal n'acquerrait pas l'autorité de la chose jugée, et que, par conséquent, il n'y avait pas lieu à appel. Mais ce raisonnement de la commission du Sénat pourrait, semble-t-il, se généraliser et s'appliquer toutes les fois qu'il s'agit d'une homologation prononcée en matière gracieuse. Voyons s'il n'y aurait pas lieu d'écarter l'application de l'art. 889 toutes les fois que l'on sera en matière gracieuse, cet article ayant sa raison d'être et son utilité en matière d'homologation contentieuse pour autoriser l'appel au-dessous du taux de droit commun.

(¹) Colmet Daage, n. 562; Garsonnet, VI, p. 129; Berlin, II, n. 570; Carré, quest. 3012; Huc, III, n. 317. — *Contra* Chauveau sur Carré, quest. 3012.
(²) Duvergier, 1880, p. 45.

FAURE   4

Disons tout d'abord que l'appel, fût-il possible, sera rarement utile. En effet, la nullité pour inobservation des formes d'une transaction par exemple, homologuée par justice, doit être demandée par voie d'action principale et non par voie d'appel du jugement d'homologation, sans quoi l'expiration du délai d'appel suffirait pour couvrir toutes les nullités antérieures (¹). Dans ces conditions on ne fera jamais appel d'un jugement d'homologation lorsqu'il y aura une nullité quelconque dans la procédure, ce qui sera le cas le plus fréquent.

Supposons l'appel possible et voyons par qui il pourrait être interjeté.

Pour interjeter appel il faut avoir figuré en première instance, c'est le droit commun. Cette voie de recours est donc fermée : 1° Aux membres du conseil de famille qui, n'ayant pas déclaré en la forme de l'art. 888 vouloir s'opposer à l'homologation, n'ont pas été appelés au jugement (²); 2° A ceux qui ayant fait cette déclaration et ayant été appelés à ce jugement ont fait défaut et l'ont laissé rendre en leur absence. Cela résulte *a contrario* des termes de l'art. 888; en effet celui qui a fait l'opposition extrajudiciaire n'a la voie de l'opposition qu'autant qu'il n'a pas été appelé; s'il a été appelé et n'est pas venu, il est réputé avoir acquiescé au jugement (³); 3° L'appel est encore fermé aux personnes étrangères au conseil (⁴); 4° Il est enfin fermé, dans le cas qui nous occupe, au subrogé tuteur. Aux termes de l'art. 420 du C. civ., le subrogé tuteur représente le mineur quand il

---

(¹) Turin, 29 juil. 1809, Aix, 3 fév. 1832, S., 33. 2. 307. — Massé et Vergé sur Zachariæ, I, p. 440, note 47.

(²) Garsonnet, VI, n. 1295; Carré, VI, n. 3007; Thomine-Desmazures, II, p. 502. — Rennes, 4 avril 1870, D., 72. 5. 454. — *Contra* Chauveau sur Carré, *loc. cit.*

(³) Carré, VI, q. 3008; Garsonnet, *ibid.*

(⁴) Chauveau sur Carré, VI, q. 3010.

y a opposition d'intérêts entre lui et son tuteur. Or, ou bien il y a opposition d'intérêts entre le mineur et le tuteur, le subrogé tuteur remplace le tuteur et tout ce que nous dirons du tuteur s'appliquerait alors au subrogé tuteur; ou bien il n'y a pas opposition d'intérêts, il n'y a pas lieu alors de mettre en cause le subrogé tuteur, et celui-ci est dans la même situation que l'un quelconque des membres du conseil de famille. C'est ce qu'a décidé la Cour d'Orléans le 19 décembre 1884 ([1]).

Restent les parties en cause. Ce sont, dit-on, le ministère public et le tuteur, car si l'homologation était poursuivie par un membre du conseil de famille, elle serait poursuivie contre le tuteur ([2]) qui refuse d'agir et l'on se trouverait alors en matière contentieuse.

Parlons d'abord du ministère public. Peut-il interjeter appel? La question a été beaucoup discutée en doctrine et en jurisprudence. La doctrine aujourd'hui est assez ferme pour lui refuser ce droit. Elle le lui dénie pour une raison bien simple, c'est qu'il n'est pas partie principale au procès. L'appel n'est accordé qu'à celui qui aurait le droit d'agir, or, ici le ministère public n'a pas le droit d'agir, il n'a que le droit de donner des conclusions ([3]) ; donc pas d'appel. Quant à la jurisprudence, après une curieuse évolution, elle paraît se ranger à l'opinion consacrée par la doctrine. Elle s'était déjà prononcée en ce sens par deux arrêts de cassation des 26 août 1807 et 8 mars 1814 (D., *Rép.*, v° *Ministère public*, n. 144). Un arrêt récent de la chambre civile, arrêt du 15 juillet 1890

([1]) D., 85. 2. 197; Boitard, Colmet Daage et Glasson, *loc. cit.* ; Bertin, I, n. 570. — *Contra* J. G. D., v° *Minorité, tutelle*, n. 268; Rousseau et Laisney, v° *Conseil de famille*, n. 61.

([2]) Art. 887 C. pr. civ.

([3]) Carré, VI, quest. 3011 ; Huc, III, n. 317.

(D., 90. 1. 361), a confirmé cette solution en décidant que sur le pourvoi en cassation formé contre un tel jugement il n'y avait pas lieu de mettre en cause le procureur de la République, celui-ci n'étant pas partie principale. Puisque le ministère public n'est pas partie principale, il ne peut faire appel.

Quant au tuteur il est certainement partie dans l'instance, aussi la grande majorité des auteurs, forte des termes généraux de l'art. 889, décide qu'il peut certainement faire appel de la décision qui a refusé l'homologation et cela sans avoir besoin d'y être autorisé par le conseil de famille. La jurisprudence a maintes fois dit de même ([1]). Cependant cette solution ne nous satisfait qu'à demi. Il nous reste un doute et nous nous demandons s'il ne faudrait pas dire que l'appel est impossible toutes les fois que l'on est en matière gracieuse. C'est tout au moins logique car, nous l'avons démontré, la décision qui homologue sur requête n'est pas susceptible d'acquérir l'autorité de la chose jugée. L'appel est une voie de recours contre les décisions qui emportent chose jugée ; pas de chose jugée, conséquence pas d'appel. De plus quel est l'effet de l'homologation ? Le tribunal qui homologue une délibération l'approuve au fond, lui donne le caractère exécutoire, mais il ne décide pas que cette décision est régulière et valable en la forme. Ce n'est, comme le dit la cour de cassation, qu'un acte de surveillance judiciaire prescrit par la loi pour protéger l'intérêt des mineurs et assurer la bonne administration de leur personne et de leurs biens. Ainsi l'homologation ne donne pas à la délibération une valeur qu'elle n'a pas elle-même ; elle est nulle et reste nulle malgré l'homologation ([2]). Puisque la délibération, même homologuée, est

---

([1]) Berlin, I, n. 571 ; *Pand. franç.*, v⁰ *Appel*, n. 1424. — Rennes, 9 avril 1851, S., 51. 2. 734. — Agen, 16 déc. 1856, S:, 57. 2. 305. — Alger, 5 mai 1873, S., 73. 2. 299.

([2]) Laurent, IV, 464.

nulle et peut être attaquée par une action en nullité, il n'y a
pas d'appel possible, car sans cela l'expiration du délai d'appel suffirait pour couvrir toutes les nullités.

Nous disons donc que l'appel ne sera recevable qu'autant
que par suite des réclamations de la part des intéressés
l'homologation est devenue contentieuse. A cette solution que
Garsonnet indique sans l'adopter et à laquelle Bioche (1) se
range on oppose la jurisprudence. Et que dit-elle cette jurisprudence ? Prenons les trois arrêts que nous citions tout à
l'heure en note. L'arrêt de la cour de Rennes de 1851 ne dit
rien, la question de la recevabilité de l'appel n'ayant pas été
posée à la Cour. L'arrêt de la cour d'Agen de 1856 est plus
curieux encore : il permet à un tuteur qui s'est vu adjuger
ses conclusions en première instance de faire appel, or est-
ce un appel véritable qu'il permet ? Non, puisque pour faire
appel il faut avoir été débouté d'une partie au moins de ses
conclusions. Ce prétendu appel n'est qu'une rétractation
déguisée ; rétractation qui serait impossible s'il y avait chose
jugée. Seul l'arrêt de la cour d'Alger de 1873 est précis et
formel. Mais à cet arrêt nous pouvons en opposer d'autres non
moins bien motivés que lui. Le 3 février 1832 (S., 33. 2. 307)
la cour d'Aix a déclaré irrecevable l'appel d'un jugement
d'homologation : ce jugement « ne formant pas titre et suppo-
» sant seulement la validité de l'acte auquel il s'applique ».
Le 29 juillet 1809 (S., 10. 2. 225), la cour de Turin avait fait
de même et elle motivait sa sentence des attendus suivants :
« Attendu..... qu'à l'égard de l'art. 889 du code judiciaire, y
» étant littéralement parlé des jugements rendus sur les déli-
» bérations des conseils de famille cette disposition doit se
» rapporter naturellement à toutes les délibérations de même

(1) Garsonnet, VI, 1295 ; Bioche, v° *Conseil de Famille*, n. 85.

» nature que celles dont il est parlé à l'art. 888 et aux autres
» précédents et suivants du même titre, et être entendus pour
» le cas où par suite des réclamations élevées de la part des
» intéressés, l'affaire devient contentieuse ». Enfin le 10 juin
1874 la cour de Cassation a cassé l'arrêt de la cour d'Alger
du 5 mai 1873, par une décision où on lit : « que les art. 443,
» 444 et 889 ne s'appliquent qu'aux jugements prononçant
» sur un différend susceptible d'être contradictoirement
» débattu » (¹).

Ces diverses raisons : nature de la décision rendue par le
tribunal, actions en nullité qui peuvent exister contre elle,
place de l'art. 889, nous paraissent suffisantes; et nous concluons en disant que l'appel est irrecevable contre la décision
gracieuse des tribunaux en matière d'homologation d'avis
de parents; que l'art. 889 est alors inapplicable et qu'il n'a
d'utilité et de raison d'être qu'en matière contentieuse pour
autoriser l'appel au dessous du taux de droit commun.

Quid de l'opposition? Est-elle possible et de la part de qui?
L'opposition est possible, dit-on. Lisez l'art. 888 du code de
procédure : « Ceux des membres de l'assemblée qui croiront
» devoir s'opposer à l'homologation, le déclareront, par acte
» extrajudiciaire, à celui qui est chargé de la poursuivre; et
» s'ils n'ont pas été appelés ils pourront faire opposition au
» jugement ». Mais que veut dire cet article?

Il nous dit que les membres du conseil de famille peuvent
s'opposer à l'homologation par acte extra-judiciaire. Alors de
deux choses l'une : Ou bien le tuteur les appellera en cause,
et qu'ils y viennent ou non la procédure est liée avec eux et
l'on est en matière contentieuse; ou bien ils ne seront pas
appelés et l'art. 888 leur ouvre alors une voie de recours

(¹) D., 75. 1. 309.

qu'il qualifie d'opposition, mais qui très certainement n'est pas « l'opposition », puisqu'elle peut être formée par une partie qui n'ayant pas été appelée en cause ne peut être considérée comme défaillante ; or l'opposition n'est ouverte qu'aux défaillants. L'opposition de l'art. 888 est donnée à des personnes qui n'ont pas été appelées dans une instance où elles avaient le droit de figurer ([1]), c'est tout à fait exceptionnel, si exceptionnel même, que M. Chauveau sur Carré, tirant un argument *a contrario* de l'art. 888, est allé jusqu'à dire que si l'opposant a été assigné et ne comparaît pas, il ne peut faire opposition ([2]). Nous n'irons pas jusque là, mais nous dirons que l'opposition dont parle l'art. 888 est une voie de recours spéciale ; qu'elle est recevable jusqu'à l'exécution du jugement d'homologation et doit être portée devant le tribunal qui a rendu ce jugement. Quant à « l'opposition » elle est et sera toujours impossible faute de défaillant.

La tierce opposition est-elle recevable ? Qu'est-ce en somme ? C'est, comme on l'a dit fort justement, « l'action paulienne des » jugements ». Or, ici, nous l'avons dit, il n'y a pas un véritable jugement, il ne peut y avoir de tierce opposition. Quelle serait d'ailleurs l'utilité de cette voie de recours ? Aucune. Il est universellement admis que l'on peut se pourvoir directement devant le tribunal soit pour obtenir par voie directe l'annulation de la décision d'homologation, soit pour obtenir du tribunal la rétractation de sa décision qui, n'ayant pas l'autorité de la chose jugée, est, de l'aveu de tous, révocable et rétractable ([3]). Ces voies de recours étant possibles excluent la tierce opposition. C'est ce que décide la jurispru-

([1]) Garsonnet, VI, p. 231.

([2]) Chauveau sur Carré, quest. 3000.

([3]) D., *Rép.*, v° *Tierce-opposition*, n. 25 et 30 ; Demolombe, VI, n. 187 ; Chauveau sur Carré, quest. 1708.

dence ([1]), dont le dernier arrêt rendu par la cour de Bordeaux, le 22 février 1888 (S., 90. 2. 54), est particulièrement formel. La cour, après avoir distingué entre le cas où le tribunal rend une décision gracieuse, et celui ou le tribunal a statué au contentieux ajoute : « Attendu que tel est le cas dans l'es-
» pèce, qu'en effet la délibération du conseil de famille sur le
» point qui a donné lieu à l'arrêt de réformation avait pour
» but unique de conférer à la tutrice le pouvoir de transiger... —
» Que l'intervention des tribunaux en pareille occurrence ne
» présente aucun des caractères d'une décision contentieuse
» et constitue simplement un acte de surveillance judiciaire
» en vue d'assurer la bonne administration des biens des per-
» sonnes incapables de se protéger elles-mêmes ; — Attendu
» dès lors que l'arrêt du 9 décembre 1887, échappe, par sa
» nature même, au recours organisé par l'art. 474 C. P. civ...
» — Par ces motifs... déclare X. non recevable dans sa tierce
» opposition ».

Nous avons à nous occuper maintenant du pourvoi en cassation. Est il possible ? La question est délicate. Aucun auteur n'en parle au sujet des homologations d'avis de parents, et c'est fort naturel, puisque, comme nous l'avons montré, c'est récemment seulement que la jurisprudencec et la doctrine ont refusé d'une manière définitive au jugement d'homologation l'autorité de la chose jugée. Tant que ce jugement emportait chose jugée le pourvoi en cassation était certainement recevable. La question est donc neuve, il nous faut procéder par raisonnement et rapprocher cette hypothèse de celles analogues. La plupart des auteurs parlent du pourvoi en cassation à propos du jugement d'adoption et disent que le pourvoi est impossible parce que la décision qui prononce l'adoption n'est

---

([1]) Toulouse, 18 janv. 1828 ; D. *Rép.*, eod. v°, n. 30.

pas motivée (¹) (art. 356 du C. civ.) D'autres envisagent la question d'une façon plus large, ils rejettent le pourvoi parce que le pourvoi « n'est pas admis contre tous les actes de juri-» diction volontaire », que ces décisions sont attaquables par la voie de nullité, et que cette voie de recours suffit pour protéger les intérêts et de la femme et des tiers (²). Cette argumentation, on le voit, est double, on exclut le pourvoi parce qu'il est impossible et parce qu'il est inutile. Le pourvoi est-il inutile? Certes, si les conclusions du tuteur lui ont été adjugées, le pourvoi est inutile. Car de deux choses l'une : Ou bien toutes les formes ont été respectées, l'acte fait par le tuteur est inattaquable car le mineur a joui de la protection que la loi veut lui donner et peut seulement se pourvoir au fond en soutenant qu'il est lésé. Ou bien toutes les formalités n'ont pas été observées. Il y a lieu alors à une action en nullité pour vice de forme, action qui appartient au mineur et à lui seul (³); action qui existe même s'il n'y avait qu'une simple irrégularité. C'est pour sauvegarder les intérêts du mineur que la loi a prescrit des règles pour l'accomplissement de certains actes, si ces règles n'ont pas été suivies le mineur n'a pas été protégé comme la loi le voulait, il a droit de se plaindre et d'attaquer les actes faits dans des conditions irrégulières. A quoi servirait la protection dont la loi entoure le mineur si des actes faits en dehors des formes prescrites étaient inattaquables? Les tiers sont de bonne foi, ils seront lésés dit-on. Peu importe; en l'absence d'un texte formel, la bonne foi des tiers ne saurait faire obstacle au droit du mineur (⁴). Toute

(¹) Toullier, II, 1019; Duranton, VI, 189.
(²) Laurent, IV, 221. — Bertin, dans ses deux éditions, donne des solutions différentes sans les motiver.
(³) Laurent, IV, 490; Aubry et Rau, 5e édition, I, p. 727. — Besançon, 1er octob. 1888, S , 90. 2. 90. — Civ. cass., 6 mars 1893, D., 93. 1. 473.
(⁴) Huc, III, 324.

irrégularité, si faible qu'elle soit, donnera naissance à l'action
en nullité (¹). Nous ne voulons pas dire que le tribunal doive
prononcer la nullité, mais il sera saisi et appréciera si l'irrégularité a causé un préjudice au mineur. Il faut remarquer,
et ceci est très important, que l'action en nullité est dirigée
contre l'acte accompli en vertu de la délibération homologuée
et non contre la décision qui homologue la délibération. En
elle-même, la décision du tribunal est inattaquable. Seul l'acte
qui en est la conséquence porte atteinte aux droits des tiers
et du mineur, c'est contre lui seul que l'on se pourvoit. L'on
se pourvoit contre lui au contentieux et les décisions interve-
nues seront en conséquence susceptibles de toutes les voies
de recours ordinaires et extraordinaires : appel, opposition,
pourvoi en cassation, etc., etc. Donc si le tribunal homologue
la délibération qui lui est soumise, le pourvoi est toujours
inutile. Quid si le tribunal refuse d'homologuer? Le refus
d'homologuer peut être motivé soit en fait, soit en droit. Le
tribunal a pu refuser l'homologation parce qu'en fait elle pouvait nuire au mineur, il a pu la refuser, parce qu'à son avis
l'acte que l'on se proposait de faire n'était pas, en droit, un de
ceux dont l'accomplissement est subordonné à une délibération du conseil de famille homologuée par le tribunal. Dans
le premier cas, il y a une question de fait pour laquelle la
Cour de cassation est certainement incompétente, car elle ne
juge qu'en droit. Dans le second, il y a bien une question de
droit; et il semble que la cour de cassation puisse être saisie.
Mais alors on nous oppose le second terme de l'argumentation
que nous indiquions tout à l'heure. Le pourvoi en cassation

(¹) Il faut qu'il s'agisse d'un acte de juridiction gracieuse pour que l'action en
nullité soit possible. Elle serait impossible s'il y avait eu un jugement d'expédient,
et il y aurait alors lieu à cassation. — V. cep. *contra* Aubry et Rau, 5° édition, I,
p. 710, § 113.

est impossible, dit-on, il n'est ouvert que contre les jugements ;
or, ici, qu'a fait le tribunal ? Il a vérifié les apparences, il n'a
pas statué sur une difficulté. Les décisions des tribunaux en
matière gracieuse ne sont pas des jugements véritables, elles
ne peuvent acquérir l'autorité de la chose jugée, elles ne sont
pas susceptibles d'appel. Donc le pourvoi est irrecevable. La
déduction est logique et semble irréfutable.

Mais à côté de sa compétence générale pour statuer sur les
pourvois formés contre les décisions judiciaires rendues en
dernier ressort et susceptibles de ce recours, la cour de cassation a un rôle spécial. Comme le dit M. Crépon dans son
Traité sur le Pourvoi en cassation : « La Cour de cassation
» n'est pas instituée la régulatrice de tous actes auxquels on
» a pu donner la forme et la qualification de jugements, la
» loi ne lui a confié sa défense que contre les atteintes qui
» pourraient lui être portées par les tribunaux qu'elle même
» a institués ; dans cette limite, la Cour de cassation est com-
» pétente pour arrêter ces tribunaux toutes les fois qu'ils ont
» commis un excès de pouvoir ». Les auteurs sont d'accord
pour décider que le pourvoi est recevable toutes les fois qu'il
y a violation de la loi ou excès de pouvoir, toutes les fois
qu'il y a entre la décision de justice et la loi « une opposition
» diamétrale » ; toutes les fois qu'elles se « détruisent respec-
» tivement ». Si un tribunal refuse d'homologuer une délibération quand toutes les conditions prescrites par la loi sont
remplies, il commet un excès de pouvoir et la Cour de cassation est certainement compétente. Peu importe que la décision qui constitue l'excès de pouvoir soit ou non un jugement
véritable. Le pourvoi en cassation pour excès de pouvoir est
reçu contre tous les actes judiciaires et cela parce que la
cour suprême doit maintenir l'unité des lois, et empêcher que

la jurisprudence ne se substitue à la loi. Il y a sur ce point une jurisprudence constante (¹).

Voilà donc le pourvoi possible. Qui pourra le former? Le mineur? Non, car les parties en cause ne peuvent se pourvoir contre des décisions judiciaires qu'autant que ces décisions ont le caractère de jugements. Lorsqu'il s'agit d'une mesure d'administration, de tutelle ou de police intérieure, le pourvoi n'est ouvert qu'au garde des sceaux représenté par le procureur général près la cour de cassation et c'est lui seul qui pourra se pourvoir en notre matière (²).

En résumé, le pourvoi est inutile contre la décision du tribunal qui homologue; il est irrecevable contre la décision motivée en fait, qui refuse l'homologation; il est recevable, mais seulement de la part du ministre de la justice contre la décision refusant d'homologuer motivée en droit.

Nous avons ainsi successivement écarté l'appel, l'opposition, la tierce opposition, et, sauf dans une très faible mesure, le pourvoi en cassation. N'avons-nous pas sacrifié les intérêts des incapables? Non, croyons-nous. Si, en effet, les tribunaux ont homologué la délibération qui leur était soumise, la moindre irrégularité suffira pour faire naître une action en nullité qui sauvegardera pleinement les droits des incapables. Si, au contraire, les tribunaux ont refusé l'homologation demandée, ils ne font que remplir le rôle de tutelle judiciaire que la loi leur a confié et c'est là l'utilité véritable de leur intervention. Mais si, sortant des attributions que la loi leur a départies, ils voulaient faire eux-mêmes la loi au mépris des droits et des intérêts des incapables, le ministre de la justice les ramènerait dans le droit chemin en soumettant leurs décisions au contrôle de la Cour suprême qui les casserait pour excès de pouvoir.

(¹) Dalloz, *Table des vingt années*, v° *Cassation*, n. 5, — Cass., 2 avril 1851.
(²) Garsonnet, V, p. 541, n. 1108 (à rapprocher).

CHAPITRE III

HOMOLOGATION DE PARTAGE

La question est prévue par les art. 980-981 et 983 du code de procédure civile. Il résulte de ces textes que, une fois la liquidation et le partage terminés, le notaire convoque les héritiers en son étude, ainsi que les créanciers opposants, s'il y en a, pour assister aux jour et heure par lui fixés à la clôture de son procès-verbal, en entendre lecture et le signer, s'ils le peuvent et le veulent. Si les personnes par lui convoquées ne répondent pas à son appel, le notaire leur fait adresser par le poursuivant une sommation d'avoir à se trouver à jour et heure fixes en son étude. Si les parties acceptent alors et signent, la liquidation est définitive et il n'y a pas lieu de l'homologuer, en supposant, bien entendu, que toutes les parties qui ont signé étaient capables. A ce moment, il y a un accord, une convention qui est intervenue entre les parties; un contrat qui limite leurs droits réciproques, qui leur interdit de se plaindre des conséquences dommageables qui pourraient résulter du partage. Mais, n'en concluons pas que le procès-verbal de liquidation devient ainsi définitif, irrévocable; la signature, l'acquiescement des parties ne les empêche pas plus ici que dans toute autre convention de demander et d'obtenir la nullité pour cause de dol, violence, erreur, ou lésion de plus du quart (art. 887 C. civ.). Et ce, pendant dix ans à compter de la découverte du dol ou de l'erreur, de la cessation, de la violence et de la date même de l'acte au cas de lésion (art. 1304 C. civ.). « L'action en rescision est, en effet,

» admise », comme le dit fort justement Chauveau sur Carré (¹) « suivant l'art. 888 du C. civ., contre tout acte qui a » pour objet de faire cesser l'indivision entre héritiers encore » qu'il fût qualifié de vente, d'échange, de transaction ou de » toute autre manière ». On voit bien quelle est alors la situation des parties et nous insistons sur ce point, parce que nous croyons que leur situation sera la même, alors qu'une homologation sera intervenue du consentement de toutes parties.

Si lorsque le partage a été ordonné par justice, les parties ne comparaissent pas, refusent de signer, ou lorsque des parties sont incapables, le notaire le constate purement et simplement et remet une expédition de son procès-verbal à la partie la plus diligente afin qu'elle en poursuive l'homologation.

Il y a donc lieu à homologation toutes les fois que, pour une raison quelconque, une des parties n'a pu ou n'a voulu, dans l'étude du notaire, signer le procès-verbal de liquidation. Donc de deux choses l'une : ou bien des contestations s'élèvent, l'on discute sur le fond de la liquidation; on en critique les dispositions. L'on se trouve alors très certainement en matière contentieuse, car les parties viennent demander au tribunal de trancher un différend qui les divise, de régler leurs droits respectifs, de modifier la liquidation dans les parties qui leur font grief; et si elles trouvent que la décision rendue par le tribunal porte atteinte à leurs droits, elles pourront très certainement se pourvoir devant la Cour. Il en serait ainsi alors même qu'après une contestation à l'origine, les parties se seraient mises d'accord avant la décision du tribunal et que les défenderesses s'en seraient remises à justice sur la demande, ou que l'on aurait présenté au tribunal

---

(¹) Chauveau sur Carré, V, 2ᵉ part., quest. 2507 *quinquies*.

un jugement d'expédient (¹). Nous trouverions bien ici l'accord des parties nécessaire pour qu'il y ait juridiction gracieuse, mais les parties n'étaient pas obligées de venir en justice; le tribunal, en rendant sa décision, consacre leur accord sur la difficulté soulevée, et fait sien le jugement que l'on lui propose. Ou bien les parties sont d'accord, mais l'une d'elles étant absente ou incapable, ne peut signer le procès-verbal dans l'étude du notaire, il faut venir en justice, obtenir l'homologation du partage. Le jugement qui intervient alors est un acte de juridiction gracieuse et n'a pas l'autorité de la chose jugée (²). Il faut faire ici quelques précisions. Si un jugement sur la demande d'un héritier et sur la déclaration des autres qu'ils s'en rapportent à justice, ordonne le partage sur les bases proposées par l'héritier demandeur, le partage dressé sur ces bases acquerra l'autorité de la chose jugée. Il faut remarquer, en effet, qu'alors la chose jugée résulte non pas du jugement d'homologation, mais du jugement qui a ordonné le partage sur des bases par lui fixées. Deux arrêts des 28 mars et 9 avril 1866 (³) consacrent cette solution. Ils ne contredisent donc pas le principe d'après lequel on doit distinguer le cas où le juge se borne à constater un partage qui ne présente aucun différend, de celui où lors de l'homologation de ce partage, les juges ont été saisis de contestations relatives aux bases sur lesquelles ce partage aura lieu. Ce principe que nous avons pris pour point de départ est aujourd'hui certain. La jurisprudence l'a consacré pour la première fois dans un arrêt du 11 juin 1838 en termes fort curieux et fort précis (⁴) : « Attendu », dit l'arrêt, « qu'il ne faut

---

(¹) C. de Nancy, 13 juil. 1894, S., 95. 2. 160. — Baudry-Lacantinerie et Wahl, II, n. 3274.

(²) Baudry-Lacantinerie et Wahl, II, n. 3271.

(³) Cass., 28 mars 1866, S., 66.1. 246.

(⁴) S., 38. 1. 831.

» pas confondre le cas où la justice autorisant le partage qui
» ne présente aucun différend ne fait qu'en *supposer* l'égalité
» requise par la loi entre les copartageants; avec le cas où la
» même justice, en statuant définitivement sur les contesta-
» tions dont elle a été saisie par ces derniers, établit et pro-
» nonce elle-même l'égalité du partage ; — Que dans le pre-
» mier cas il n'y a point de jugement qui puisse acquérir
» l'autorité de la chose jugée, puisque supposer n'est pas
» juger; tandis que dans le second cas, il y a jugement, le-
» quel, s'il est passé en force de chose jugée, élève en ma-
» tière de partage comme en toute autre matière, une fin de
» non recevoir contre toute action y portant atteinte ». Cette
décision était alors neuve en jurisprudence, et Dalloz qui,
comme Sirey, la rapporte, ajoute qu'elle est contraire à l'opinion de tous les auteurs anciens et modernes (en quoi Dalloz
se trompait, nous allons le voir) et qu'elle donnera naissance
à de nombreuses difficultés. Mais il est obligé de reconnaître
que la distinction établie est fort judicieuse et qu'il y a lieu
de l'adopter. Dalloz se trompait, disions-nous, en présentant
cette distinction comme contraire à l'opinion de tous les auteurs. Pothier, en effet (¹), admettait l'action en rescision
contre les partages, même homologués par justice, ce qui
suppose la distinction que nous indiquons et Merlin et Duranton enseignent une doctrine analogue. M. Duranton dit même
que cette solution est seule conforme à l'esprit de la loi « car
» si, d'une part, on augmente les garanties des droits des
» mineurs en rendant obligatoire l'intervention de justice, on
» les priverait, d'autre part, des actions en nullité et en resci-
» sion, ce qui serait manifestement contraire à l'esprit de la
» loi » (²). Enfin, de nos jours, tous les auteurs admettent

(¹) Ch. IV, art. 6.
(²) Merlin, *Rép.*, v° *Lésion*, VI, n. 7; Duranton, VII, n. 581.

qu'il y a une distinction à faire. MM. Aubry et Rau, après avoir posé en principe que l'action en rescision est admise contre tout partage amiable, ajoutent : « Ce principe ne s'applique » toutefois d'une manière absolue aux partages judiciaires » que lorsque la justice est simplement intervenue pour » homologuer le partage », et M. Demolombe, qui est encore plus précis, dit : « Les formalités du partage judiciaire ont » pu ne pas paraître une garantie suffisante contre l'inégalité » des lots et la lésion qu'elle peut produire ; et comme la jus- » tice ne fait alors qu'un acte de juridiction volontaire, il n'y » a aucune autorité de chose jugée qui s'oppose à ce que la » lésion puisse être signalée et réparée. Mais ce motif prouve » assez qu'il en serait autrement dans le cas où, au contraire, » la justice ayant été saisie d'une contestation entre les copar- » tageants à l'effet d'établir les bases d'après lesquelles les » opérations du partage devaient avoir lieu, aurait fait acte » de juridiction contentieuse ; car alors il y aurait, sur les » points résolus par la décision, autorité de chose jugée, et » l'action en rescision pour cause de lésion ne serait recevable » que sous la condition de ne point les remettre en ques- » tion » (¹). Enfin la jurisprudence la plus récente est fixée en ce sens (²). Nous avons déjà indiqué en passant divers arrêts, nous en citerons encore d'autres en examinant si le jugement qui homologue une liquidation en matière gracieuse, peut acquérir l'autorité de la chose jugée. Notons seulement en passant que la plupart de ces décisions sont rendues dans des espèces où l'on demandait la rescision du partage pour cause de lésion. Cela se comprend d'ailleurs, car les vices du con- sentement, erreur, dol et violence, seront fort rares dans les partages judiciaires ; mais vu la nature de l'action en resci-

(¹) Aubry et Rau, VI, 629 ; Demolombe, *Success.*, V, n. 425.
(²) Cass., 3 mai 1897, D., 97. 2. 190.

sion pour lésion, on peut très logiquement étendre les solutions données pour elle aux cas où, par impossible, il y aurait eu erreur, dol ou violence.

Le tribuual compétent pour connaître de l'homologation sera sans aucune contestation possible celui par lequel le partage a été ordonné, c'est-à-dire, conformément à l'art. 822 C. civ., le tribunal du lieu de l'ouverture de la succession (¹).

Devant ce tribunal la procédure débutera par une requête (²). Cette requête ne peut être présentée, on le conçoit, que si toutes les parties sont d'accord. Les tribunaux n'accueilleront la requête que si elle est signé de tous les avoués en cause. Dans le cas où soit l'une soit plusieurs des parties ont fait défaut à la clôture de la liquidation, on doit se pourvoir autrement. Le président du tribunal rend au bas de la requête une ordonnance commettant un juge, et portant que la requête, la liquidation et les pièces à l'appui seront communiquées au procureur de la République. Ce magistrat, après avoir examiné la liquidation, donne ses conclusions. Le juge-commis fait son rapport et le jugement d'homologation est rendu. La minute du jugement est écrite par le greffier à la suite des conclusions du ministère public. Le tout est expédié en la forme exécutoire, la requête servant de qualités au jugement (³). Mais si tous ces points ne font pas de doute, il est une question controversée, celle de savoir qui du tribunal ou de la chambre du conseil est compétent en la matière. Bertin qui, dans le journal *Le Droit* du 1ᵉʳ février 1855 discute assez longuement la question, considère l'homologation comme étant toujours une procédure contentieuse ; il en conclut fort logi-

---

(¹) Duvergier sur Toullier, IV, p. 396.
(²) Baudry-Lacantinerie et Wahl, II, n. 3267.
(³) Dalloz, vᵒ *Succes.*, n. 1826 ; Dutruc, n. 461 ; Bioche, n. 182 ; Boucher d'Argis, vᵒ *Partage*, n. 14 ; Thomine-Desmazures, II, n. 622.

quement qu'elle doit être portée à l'audience publique; il . réprouve donc la procédure par requête. Le même auteur cite à l'appui de sa théorie un arrêt de la cour de Paris du 16 janvier 1855 qui l'a conduit à modifier la théorie contraire qu'il avait soutenue dans la première édition de son livre sur la Chambre du conseil. M. Carré, dans son *Traité de procédure,* est partisan du jugement par la Chambre du conseil, car, dit-il, « la décision du tribunal n'est plus qu'un simple acte de » tutelle judiciaire rentrant dans les limites des attributions » de la Chambre du conseil » ([¹]). Nous adopterons cette opinion, car nous voyons dans l'homologation de liquidation un acte de juridiction gracieuse, par conséquent de la compétence de la chambre du conseil.

Quel sera le rôle du tribunal? Il s'assurera que toutes les conditions prescrites par la loi ont été remplies. Comme l'a dit la cour de Douai le 8 mai 1895, « le tribunal ne fait que » constater l'état dans lequel les parties se sont présentées » devant lui ». Il vérifie donc simplement si l'accord intervenu entre les parties n'est lésif des droits d'aucune d'elles et alors il homologue ou refuse d'homologuer. Malgré l'avis de M. Bertin qui croit que le ministère public peut requérir et le tribunal ordonner d'office les modifications qui lui paraîtraient conformes à l'intérêt des mineurs ([²]) (Argument, art. 981), nous pensons que le tribunal n'a le choix qu'entre ces deux partis extrêmes : l'homologation et le refus d'homologuer. L'intervention de la justice n'enlève pas au partage son caractère conventionnel. Il faut que toutes parties consentent, soient d'accord; si le tribunal touche au partage l'accord cesse, il n'y a plus alors une homologation gracieuse puisque

([¹]) Carré, V, quest. 2507 *octies*; Rodière, *Pr. civ.*, III, n. 400. — Cf. Baudry et Wahl, II, n. 3278.
([²]) Bertin, I, n. 577.

les parties ne sont plus d'accord, il y a une homologation contentieuse ou bien il n'y a plus lieu à homologation parceque
la modification introduite par le tribunal ne convient à aucune
des parties en cause. De quel droit d'ailleurs le tribunal modi-
fierait-il le partage qu'on lui propose puisque aucune des parties ne le lui demande?

Le jugement qui homologue un partage dans les conditions
que nous avons indiquées est-il susceptible d'acquérir l'autorité de la chose jugée? Une évolution des plus curieuses
s'est produite à ce sujet dans la jurisprudence. Dans les
premiers temps qui suivirent la rédaction du code, on recon-
nut sans hésiter l'autorité de la chose jugée à tous les jugements qui homologuaient un partage ; mais on se heurtait
ainsi à l'art. 888 du C. civ. qui admet l'action en rescision
contre « tout acte qui a pour but de faire cesser l'indivision
entre cohéritiers ». Si en empruntant la forme d'un compromis
ou d'un contrat judiciaire les cohéritiers pouvaient faire échapper le partage à l'action en rescision, l'art. 888 deviendrait à
peu près inutile (¹). Les auteurs admirent alors l'action en
rescision contre les partages même faits en justice(²). C'est ce
que décida aussi la jurisprudence. Mais l'on s'aperçut bientôt
qu'il y avait une différence profonde entre le cas où le tribunal statue sur des contestations que le partage a soulevées et
celui où le tribunal homologue purement et simplement le
partage que les parties d'accord lui présentent. Ici encore la
question était particulièrement délicate, car les parties peuvent s'être d'abord adressées au tribunal pour faire ordonner
le partage, et le tribunal, en statuant, avait pu fixer les bases
sur lesquelles le partage pouvait avoir lieu et il semblait qu'il
y eût là une situation intermédiaire entre les deux précé-

(¹) Dutruc, *Traité du partage des successions* n. 607.
(²) Rousseau de Lacombe, *Rec. de jur. civ.*, n. 1753 ; Laurent, X, n. 478.

dentes. Frappés de la différence que nous avons signalée, les auteurs décidèrent bientôt qu'en homologuant purement et simplement le partage, le juge suppose à la vérité que ce partage ne blesse point l'égalité qui doit régner entre copartageants, mais ne décide rien à cet égard (¹), et que les jugements homologuant des partages faits en justice sont des actes de juridiction gracieuse dépourvus de l'autorité de la chose jugée. C'était logique, car il y a bien une décision formelle de l'autorité judiciaire mais il n'y a pas eu ce débat préalable, cet échange de conclusions qui forme le contrat judiciaire entre les parties (²). Cependant tout le monde n'était pas d'accord sur ce point, car si nous ouvrons le répertoire de M. Fuzier-Herman au mot « Chose jugée, n. 140 et suivants », nous trouvons une distinction curieuse. M. Fuzier-Herman, au lieu de considérer, comme nous l'avons fait, les conditions dans lesquelles les cohéritiers viennent en justice, la juridiction gracieuse existant seulement, lorsque malgré leur accord ils sont forcés d'obtenir l'homologation du tribunal, part du principe qu'il y a juridiction gracieuse toutes les fois que les parties sont d'accord, et poussant le principe à l'extrême, décide que, dans un même jugement d'homologation, une partie de la décision peut avoir l'autorité de la chose jugée alors qu'une autre partie ne l'aurait pas. Le principe dont partait M. Fuzier-Herman était faux, nous l'avons montré dans notre introduction ; les conclusions qu'il en tire sont donc forcément inexactes.

Cette modification dans les opinions des auteurs coïncidait avec une transformation analogue dans la jurisprudence. Déjà dans son arrêt du 11 juin 1838, que nous avons en partie cité plus haut, la cour suprême décidait que le jugement

---

(¹) Aubry et Rau, III, p. 584, note 25 ; Demolombe, XVII, n. 425.
(²) Garsonnet, III, p. 240, note 13.

d'homologation de partage rendu en matière gracieuse n'est point un jugement qui puisse acquérir l'autorité de la chose jugée. En 1866 dans deux arrêts, le premier de la Chambre des requêtes du 28 mars, le second de la Chambre civile du 9 avril, la Cour de cassation faisait nettement la distinction entre l'homologation par procédure contentieuse et celle par voie gracieuse. Enfin la question a été formellement résolue par un arrêt de la cour de Dijon du 18 décembre 1893 et un arrêt de la cour de Douai du 8 mai 1895 (¹), confirmé par arrêt de la cour de cassation du 3 mai 1897 (²). L'arrêt de la cour de Dijon est le premier qui pose vraiment le principe : « Attendu », dit-il, « que les jugements qui homologuent les » liquidations et partages, même lorsque des mineurs y sont » intéressés, n'ont pas l'autorité de la chose jugée, lorsque, » comme dans l'espèce, aucune contestation n'a été soulevée » au cours des opérations de partage ni lors du jugement » d'homologation, lequel ne constitue dans ce cas qu'un sim- » ple acte de surveillance, d'autorisation, faisant présumer que » l'égalité a été respectée, mais ne le prouvant pas d'une » manière absolue : que ces jugements d'homologation n'ont » pas le caractère d'une sentence rendue au contentieux ; que » l'article 1351 n'attache l'autorité de la chose jugée qu'aux » décisions dans lesquelles il y a eu une véritable contesta- » tion tranchée par les magistrats compétents ».

La décision de Douai est plus formelle encore : Attendu, dit la cour, « Qu'il ne faut pas considérer la décision de jus- » tice qui ordonne ou homologue un partage comme un juge- » ment ordinaire avec son caractère contentieux produisant » la chose jugée. Que le tribunal, en homologuant, fait plutôt » un acte de juridiction gracieuse, car il se borne à constater

(¹) D., 97. 2. 190.
(²) S., 97. 1. 488.

» l'état dans lequel les parties se sont présentées devant lui ». Enfin la Cour de cassation précise en disant : « Que l'au- » torité de la chose jugée n'est attachée qu'aux jugements » rendus en matière de juridiction contentieuse ; qu'elle ne ·» résulte pas des actes de juridiction gracieuse tels que les » jugements ou arrêts qui homologuent des partages sur les- » quels ne s'élève aucune contestation ».

Nous avons rapporté le texte de ces trois arrêts pour montrer combien la jurisprudence est aujourd'hui fixée dans le sens que nous indiquions, et c'est logique. Lorsque le tribunal se borne à reproduire la teneur d'un contrat préexistant sans aucune appréciation de fait ni de droit, il ne décide rien, il n'y a pas de jugement. L'intervention de la justice n'enlève pas au partage son caractère propre résultant de la convention des parties. Il n'y a donc jamais chose jugée quand il s'agit d'une homologation en matière gracieuse. Mais il y aura au contraire chose jugée sur tous les points pour lesquelles il y aura eu des conclusions formelles même non contredites, ou pour les bases d'un partage qui auraient été contradictoirement fixées entre les parties ; ainsi que toutes les fois que les parties majeures et capables ont simulé une contestation pour obtenir de la justice un jugement d'expédient, car le jugement d'expédient est un jugement véritable.

De quelles voies de recours la décision gracieuse du tribunal qui homologue un partage est-elle susceptible? La grande majorité des auteurs ne fait aucune distinction entre le jugement contentieux qui homologue un partage et le cas où le tribunal fait un simple acte de juridiction gracieuse. Elle dit que la décision du tribunal est susceptible de toutes les voies de recours : opposition, appel, tierce opposition et pourvoi en cassation. La question est donc à peu près neuve en doctrine.

Reprenons successivement les diverses voies de recours et

voyons en logique si elles sont applicables. Tout d'abord parlons de l'appel. Les auteurs, nous l'avons déjà dit, l'admettent
mais sans motiver leur opinion (¹). Pour nous, l'appel est
impossible. L'appel est une voie de recours contre les décisions susceptibles d'acquérir l'autorité de la chose jugée. Or
nous avons démontré qu'ici il ne pouvait être question de
chose jugée. Le partage n'est qu'une convention, les formes
de justice dont il peut être revêtu ne suffisent pas pour lui
enlever ce caractère. La jurisprudence l'a bien compris et si
par des arrêts nombreux elle a par exemple les 15 juin 1837,
22 décembre 1838, 23 juillet 1840 et 26 mars 1857 (Cour de
Paris) admis l'appel alors qu'elle commençait à distinguer
entre l'homologation contentieuse qui engendre la chose jugée
et l'homologation gracieuse qui ne l'engendre pas, elle a le
10 juin 1874, par un arrêt de la Chambre des requêtes de la
Cour de cassation (²), développé le principe qu'elle avait posé
dans ses arrêts du 11 juin 1838, des 28 mars et 9 avril 1866,
en décidant que l'appel d'un jugement homologuant une transaction dans laquelle était intéressé un mineur était irrecevable
parce que la décision du tribunal était rendue en matière
gracieuse et n'était pas susceptible d'acquérir l'autorité de la
chose jugée. C'était simple, c'était logique. Malheureusement
la jurisprudence ne s'en est pas tenue là. Nous avons dans
l'introduction indiqué que l'était le critérium généralement
admis pour reconnaître la juridiction gracieuse : « l'accord
» des parties ». Ce critérium dont nous avons montré la fausseté
a trompé les cours et les tribunaux. Ils ont pensé qu'il y avait
contrat judiciaire, juridiction gracieuse, même lorsque des
majeurs d'abord en désaccord se sont entendus devant les pre-

---

(¹) Rousseau et Laisney, vᵒ *Partage*, IV, 107 ; Dutruc, n. 464 ; Bioche, vᵒ *Partage*,
n. 189 ; Vazeille sur l'art. 887-4ᵒ. — *Contra* Baudry-Lacantinerie et Wahl, II, 3279.
(²) D., 75. 1. 309.

miers juges, ont transigé sur les difficultés qui pouvaient exister
entre eux et ont présenté au tribunal un jugement d'expédient ([1]). La cour de Toulouse oubliait que dans ce cas les
parties n'étaient pas obligées de venir en justice pour faire
un contrat valable, qu'elles n'y étaient venues que parce qu'à
l'origine il y avait entre elles une contestation, réelle ou simulée; que le tribunal tranchait cette contestation, qu'il faisait
sien le dispositif du jugement qu'on lui avait proposé, qu'il
y avait un jugement véritable, qu'il y avait chose jugée. La
Cour a peut-être aussi été trompée par ce fait que les parties
en signant l'expédient avaient acquiescé au jugement qui
allait être rendu et s'étaient ainsi fermé la voie de l'appel. Ce
qu'il y a de certain, c'est que nous ne suivrons pas la jurisprudence sur ce terrain et que nous nous déclarons satisfait
des termes de l'arrêt du 10 juin 1874.

L'opposition non plus ne nous paraît pas recevable. Par
suite de la confusion que nous avons signalée pour l'appel, de
nombreux auteurs ([2]) l'admettent. Mais dans notre hypothèse,
il n'y a pas d'opposition possible. L'opposition n'est recevable que de la part des défaillants. Pour être défaillant il faut
avoir été assigné; or, ici pas d'assignation, partant pas de défaillant, partant pas d'opposition. C'est ce que décide aujour-
d'hui une jurisprudence constante, Paris, 15 juin 1837 (S.,
38. 2. 423), Paris, 22 décembre 1838 (D., 39. 2. 35), Paris,
6 mars 1862 (S., 62. 2. 53), Cour de cassation, 7 juillet 1869
(D., 69. 1. 348), Paris, 25 octobre 1893 (D., 94. 2. 524).

Reste la tierce opposition qui, elle aussi, est impossible
puisque tous les cohéritiers sont d'accord et présents, ou

([1]) Toulouse, 21 janvier 1885, D., 86. 2. 73.
([2]) Rousseau et Laisney, v° *Partage*, IV, n. 107. — V. *Contra* Baudry-Lacantinerie et Wahl, II, 3279,

représentés (¹), et qu'en dehors d'eux il n'y a personne qui doive être appelé à l'homologation.

Enfin, pour le pourvoi en cassation, nous avons longuement étudié la question à un point de vue général au sujet des homologations d'avis de parents, et nous renvoyons sur ce point à ce que nous avons dit plus haut.

Résumons-nous et voyons dans notre système quelle est la situation faite aux incapables, et aux diverses parties intéressées à l'homologation. Le tribunal peut tout d'abord homologuer le partage qu'on lui présente, sa décision ne donne aucune force nouvelle à l'acte, le tribunal a examiné le partage, il s'est préoccupé de voir s'il n'était pas vicié de dol, violence, erreur ou lésion, mais malgré toute sa vigilance le contrat peut être entaché d'un quelconque de ces vices, aussi les actions en nullité et en rescision sont-elles recevables contre ce partage de la part de tous les intéressés qui se pourvoiront par voie principale devant les tribunaux compétents sans que l'on puisse leur opposer l'autorité de la chose jugée. Si au contraire le tribunal a refusé l'homologation il n'a fait qu'user de son droit, aucun recours ne sera admissible, sauf le recours en cassation pour excès de pouvoir formé par le ministre dans l'intérêt de la loi. Enfin toutes les parties peuvent toujours s'adresser au tribunal, et lui demander de revenir sur la décision qu'il a prise, de la rétracter, et le tribunal, en présence de faits motivant une modification dans ses opinions, pourra retoucher la décision qu'il a rendue car il n'y a pas chose jugée, et c'est la seule façon de protéger efficacement les intérêts des incapables, intérêts que le législateur a confiés aux tribunaux.

(¹) L'absent a été représenté par le notaire commis.

CHAPITRE IV

L'autorisation dont la femme mariée a besoin pour contracter ou ester en justice est la conséquence de l'incapacité
de la femme mariée. Au seuil de ce chapitre une première
question se présente. Quelle est la raison d'être de cette incapacité? Quel est le fondement de ce principe que formulent
les art. 215, 217, 221 et 222 du C. civ.?

Cette question a été souvent discutée, son étude nous
entraînerait bien loin en dehors du cadre que nous nous
sommes proposé. Aussi, sans la discuter indiquerons-nous
seulement les arguments les plus graves qui nous font adopter
la solution que nous formulerons, solution qui nous servira
de point de départ, pour les explications qui vont suivre.

La question du fondement de l'incapacité de la femme mariée faisait déjà difficulté dans l'ancien droit, et nous trouvons dans Merlin (¹) trace des discussions qu'elle soulevait.
De nos jours on discute encore. Pour résoudre la difficulté,
remontons aux origines. A Rome les femmes sont dans les
premiers âges soumises à une tutelle perpétuelle. Nous
voyons les Romains donner pour raison de cette ridicule
mesure la légèreté d'esprit de la femme (*Levitas, infirmitas
animi*) et son ignorance des affaires (*Ignorantia rerum foren-
sium*). L'incapacité dépendait du sexe. Aujourd'hui, des deux
raisons invoquées par les Romains, la première ne vaut rien,

(¹) Merlin, *Rép.*, vᵒ *Autorisation maritale*, t. II, sect. II, p. 170.

quant à la seconde nous ne croyons pas qu'elle puisse rejaillir sur le droit, et d'ailleurs la femme non mariée ou veuve est aussi capable que l'homme. Puisque seule la femme mariée est incapable, c'est dans le mariage que nous devons rechercher la cause de son incapacité. Mais ici encore, comment expliquer ce résultat? La femme, capable à la veille du mariage et après sa dissolution, cesse de l'être tant que le mariage existe, comme si, pendant son mariage, elle subissait une sorte de *capitis deminutio*. L'incapacité concorde exactement avec le mariage, il a fallu un texte exprès dans la loi du 6 février 1893 pour rendre à la femme séparée de corps· sa capacité. « Elle (la séparation de corps) a en outre pour effet » de rendre à la femme le plein exercice de sa capacité civile, » sans qu'il soit besoin de recourir à l'autorisation de son mari » ou de justice » (art. 3). Faut-il en conclure que l'incapacité de la femme est un corollaire de l'autorité maritale, que le mariage soumet la femme à l'autorité et à la puissance du mari; que cette puissance porte pleinement sur la femme, qui ne doit rien faire sans l'autorisation du mari? Faut-il dire avec Pothier ([1]) : « La puissance que le mari a sur la femme » ne permet pas à sa femme de rien faire que dépendamment » de lui ». Mais alors, il s'agirait d'une incapacité absolue et d'ordre public. Le mari mineur pourrait autoriser sa femme, car, peu importe que le mari soit majeur ou mineur, il n'en a pas moins la puissance maritale; or, l'art. 224 refuse au mari mineur le droit d'autoriser sa femme. On ne comprendrait pas non plus que la femme pût, comme le lui permet l'art. 225, se prévaloir de la nullité résultant du défaut d'autorisation puisque l'incapacité ne serait pas édictée dans son intérêt. Pour nous, il faut dire que l'incapacité de la femme mariée

([1]) Pothier, *Traité de la puissance du mari*, n. 3.

est établie pour sauvegarder les intérêts de ceux qui peuvent se prévaloir de la nullité. Le mari le peut, car son autorité a été méprisée; la femme le peut aussi, parce qu'elle n'a pas joui de la protection que la loi a voulu lui assurer. Comme le dit fort bien M. Laurent (¹) : « La femme marié n'est plus » dans la position où elle se trouvait étant fille, elle ne peut » faire aucun acte juridique qui ne réagisse sur son mari, sur » ses enfants. Ainsi les actes qu'elle est dans le cas de faire » intéressent toute la famille. Dès lors, ne faut-il pas que le » chef de famille intervienne pour la garantie des intérêts » communs? Le mariage est une société, chacun des associés » a sa sphère d'action, sa mission : à la femme, les soins du » ménage, l'éducation des enfants; au mari, la direction des » affaires. En ce sens son autorisation est requise non seule- » ment parce qu'il a autorité sur la femme, mais encore parce » qu'il doit veiller aux intérêts généraux de la famille ».

L'incapacité a donc pour cause, outre le respect de l'auto- rité maritale, la sauvegarde des intérêts matrimoniaux de la femme; et ainsi s'explique parfaitement l'art. 225. Si la femme est admise à faire valoir la nullité résultant du défaut d'au- torisation, c'est moins en vertu d'un droit établi à son profit particulier qu'en vertu d'un droit qu'elle puise dans sa participation aux intérêts collectifs, qui, quel que soit le régime sous lequel les époux sont mariés, naissent du fait même du mariage. En résumé nous pouvons dire (²) que la nécessité de l'autorisation maritale paraît être dans notre droit une sanction de la double obligation consacrée par l'art. 213 du C. civ. : obligation pour la femme d'obéir au mari ; obligation pour le mari de protéger sa femme ; et c'est cette idée que nous trouvons nettement formulée dans un arrêt de

(¹) Laurent, III, n. 95.
(²) Baudry-Lacantinerie, I, n. 624.

la cour de Caen du 17 janvier 1851 : « L'autorisation maritale
» est exigée non seulement comme un hommage rendu à la
» puissance maritale ; mais encore comme un acte de tutelle
» et de protection » ([1]).

Nous avons fondé l'incapacité de la femme mariée sur le
mariage, il en résulte qu'elle est d'ordre public, car tout ce
qui touche au mariage est d'ordre public. Il en résulte que
les époux ne peuvent, par leur convention, déroger à ce principe et donner à la femme cette capacité qu'elle perd en se
mariant. Et c'est ce que disent les art. 213 et 1388 du C. civ.
Art. 213 : « Toute autorisation générale, même stipulée par
» contrat de mariage, n'est valable que quant à l'administra-
» tion des biens de la femme ». Art. 1388 : « Les époux ne
» peuvent déroger aux droits résultant de la puissance mari-
» tale sur la personne de la femme ». Voilà pourquoi les art.
215 et 217 du C. civ. ajoutent que l'incapacité existe alors
même que la femme serait « non commune ou séparée de
» biens », montrant ainsi que quel que soit le régime adopté par
les époux l'incapacité de la femme mariée existe ; voilà pourquoi le code la faisait survivre à la séparation de corps prononcée. Mais si le régime matrimonial adopté par les époux
importe peu en principe et si la femme est toujours frappée
de l'incapacité dont nous allons sommairement indiquer
l'étendue, l'adoption du régime dotal aggrave sa situation et
augmente d'une façon notable l'incapacité dont elle est atteinte,
tandis que l'adoption du régime de séparation de biens par
exemple donne à la femme une capacité plus grande. Quelle
est donc l'étendue de l'incapacité de la femme mariée ?

A cette question les art. 215 et 217 du code civil et l'art. 4
du code de commerce répondent que la femme ne peut, sans

([1]) Aubry et Rau, V, p. 138 note 5 ; Bertin, II, 814 ; Demolombe, IV, n. 117.

l'autorisation de son mari ou de justice, ester en jugement, donner, aliéner, hypothéquer, acquérir à titre gratuit ou onéreux ; et que la femme ne peut être marchande publique sans le consentement de son mari. Autrement dit, la femme est incapable d'ester en justice, de contracter et de faire le commerce. Mais ici il faut préciser un peu et éliminer ce qui ne rentre pas dans notre sujet de thèse.

Les actes que la femme mariée peut accomplir se divisent en quatre catégories : 1° Il est tout d'abord des actes que la femme peut faire seule : ce sont le testament ; la révocation des donations par elles faites au mari pendant le mariage ; tous les actes d'administration de ses biens lorsqu'elle est séparée de biens par contrat ou par jugement (art. 226, 905, 1096, 1449 et 1536 C. civ.), et même, dans cette hypothèse, elle peut aliéner ses meubles à titre onéreux pour les besoins de son administration. 2° Il en est d'autres pour lesquels la loi exige l'autorisation du mari, autorisation que ne peut suppléer celle de justice : faire le commerce ou accepter les fonctions d'exécuteur testamentaire (art. 4 C. com., et art. 1029 C. civ.). 3° Pour la grande majorité des actes : aliénations, hypothèques, contrats, donations etc., l'autorisation de justice et l'autorisation maritale se remplacent mutuellement et ont le même effet. 4° Enfin pour certains actes très graves et très spéciaux, la loi, voulant sauvegarder les intérêts de la femme, exige l'autorisation de justice que ne peut suppléer l'autorisation maritale. C'est ce que fait la loi quand il s'agit d'autoriser l'aliénation des immeubles dotaux de la femme ou la restriction de son hypothèque légale (art. 1558, 1559, 2144 et 2145 C. civ.). Ces deux cas sont certainement des actes de juridiction gracieuse, mais vu leur importance nous leur consacrerons des chapitres spéciaux. Restent les trois autres chefs de notre énumération. Les deux premiers ne nous intéressent pas, puisque, ou bien la femme peut agir seule, ou bien le mari seul a qualité pour l'autoriser et qu'ainsi il n'y a jamais lieu de s'adresser à justice. Ce n'est que lorsque l'autorisation de justice et celle du mari sont équivalentes que nous pourrons trouver un acte de juridiction gracieuse conforme au critérium que nous avons posé dans notre introduction. Mais ici encore nous n'aurons pas à nous occuper des cas où le mari consent ou autorise, car alors la justice n'intervient pas ; nous ne nous occuperons pas non plus des cas où la justice est saisie sur le refus du mari, ici il y a opposition de volontés, il y a litige, et l'on porte l'affaire devant les tribunaux par la voie contentieuse ; le mari est cité ; qu'il comparaisse ou non, la procédure n'en sera pas moins liée avec lui, et on sera toujours en matière contentieuse. Il ne restera plus alors que les cas dans lesquels le mari, pour une raison quelconque, minorité, interdiction, absence ou condamnations pénales, sera dans l'impossibilité, le voulût-il, d'autoriser sa femme. Fallait-il dire que la femme ne pourrait alors ni contracter ni ester en justice ? La loi ne l'a pas pensé et, dans les art. 221, 222 et 224 du Code civil, elle décide que la femme s'adressera directement à justice sans avoir à mettre en cause son mari et lui demander une autorisation qu'il ne pourrait donner. C'est donc la femme qui veut, qui consent, qui est forcée de s'adresser à justice, qui y est contrainte par les textes mêmes de la loi, et nous arrivons à cette double proposition : Pour que l'on soit en matière gracieuse il faut : 1° Que la femme ait besoin d'une autorisation pour ester en justice ou pour contracter ; 2° que le mari soit, aux termes de la loi, incapable de donner cette autorisation. Notre étude est donc bien simplifiée, et nous allons examiner successivement : 1° quand la femme peut s'adresser à justice sans mettre en cause son mari ; 2° pour quels faits cette autorisation sera sollicitée.

Tout d'abord, quand la femme peut-elle s'adresser à justice sans mettre en cause le mari ? Il serait contraire à la raison de faire sommation au mari et de l'appeler en chambre du conseil pour déduire les causes de son refus conformément à l'art. 219 C. civ., lorsque, par suite de son absence, de son interdiction, il est dans l'impossibilité de s'expliquer, ou que soit son âge, soit les condamnations qui l'ont frappé, enlèvent tout crédit à son opinion. C'est dans ces divers cas : absence, interdiction, minorité ou condamnation du mari, que la femme, ne pouvant avoir de contradicteur, s'adresse directement à la justice. Reprenons ces cas et précisons quelque peu.

Absence. — « Si le mari est absent », dit l'art. 222, « le juge » peut, en connaissance de cause, autoriser la femme, soit pour » ester en jugement, soit pour contracter ». Cet article s'applique certainement à l'absence telle que la définit le code civil. S'étend-il au cas où le mari est simplement non présent ? L'affirmative est admise par nombre d'auteurs [1]. Ils invoquent, outre les travaux préparatoires, l'opinion de Pothier qui dit quelque part : « La femme peut recourir à justice toutes » les fois que le mari est trop éloigné pour donner l'autori- » sation aussi promptement que le cas l'exige ». Mais si l'on rapproche l'art. 222 de l'art. 863 C. pr. civ., qui en est, croyons-nous, le meilleur commentaire, on voit qu'il résout la question dans un sens tout opposé. Art. 863 : « Dans le cas » de l'absence présumée du mari ou lorsqu'elle aura été » déclarée, la femme qui voudra se faire autoriser à la pour- » suite de ses droits présentera également requête au prési- » dent du tribunal qui ordonnera la communication au » ministère public et commettra un juge pour faire son rap- » port au jour indiqué ». La règle, on le voit, c'est que le

---

[1] Demolombe, IV, n. 214 ; Toullier, II, n. 651 ; Duranton, II, n. 506. — Cour de Bordeaux, 17 fév. 1897, *Journal des arrêts de la cour de Bordeaux*, 97. 1. 120.

mari autorise. Si le mari peut manifester sa volonté, le juge n'a pas à intervenir. L'autorisation donnée par le juge est l'exception; or, toute exception doit être interprétée restrictivement. D'ailleurs, de nos jours, il sera très rare qu'un mari simplement non présent ne puisse autoriser sa femme car, aujourd'hui il n'y a plus de distances. Mais si le cas se présentait, il faudrait, croyons-nous, citer le mari devant le tribunal dans les formes des art. 861 et 862 C. pr. civ. Si l'on ignorait le domicile du mari, on pourrait signifier la citation au procureur de la République. C'est la façon de procéder que consacre la jurisprudence (¹). C'est aux magistrats qu'il incombe seulement de n'accorder l'autorisation qu'avec la plus extrême réserve. Il ne faudrait pas que la femme profitât de la non présence du mari pour se soustraire à la puissance maritale. L'opinion que nous adoptons est celle de la majorité des auteurs (²); elle n'est pas d'ailleurs contredite par les travaux préparatoires. Quelle que soit en effet l'acception que Berlier, Tronchet ou les autres rédacteurs du code aient voulu donner au mot *absent* dans l'art. **222**, il faut admettre, d'après la rédaction restrictive de l'art. 863 C. pr. civ., que les rédacteurs de ce code n'ont pas cru devoir assimiler le cas où le mari est simplement éloigné de son domicile et celui où il est absent dans le sens propre du mot. Cette théorie nous paraît enfin confirmée par le décret des 14 décembre **1870**, **20** janvier 1871 rendu pendant la guerre contre l'Allemagne, qui, en cas d'impossibilité dûment constatée d'obtenir l'autorisation maritale par suite de la guerre, permettait à la femme de se pourvoir de l'autorisation de justice conformément à l'art.

(¹) Cour de Colmar, 31 juil. 1810, S., 11. 2. 206. — Cass., 15 mars 1837, S., 37. 1. 547.

(²) Berlin, II, 875 à 879; Marcadé, I, art. 222; Laurent, III, n. 127; Baudry-Lacantinerie, I, n. 640; Aubry et Rau, V, p. 146, note 39.

863 C. pr. civ. ; et si elle était éloignée de son domicile, sans communication possible, elle pouvait s'adresser au président du tribunal du lieu de sa résidence pour apprécier sa demande. S'il a fallu une disposition législative pour étendre à ce cas les art. **222**, et **863**, c'est que l'art. **222** ne s'applique pas quand le mari est seulement non présent.

La femme, en demandant l'autorisation au tribunal, devra joindre à sa requête des pièces justifiant que son mari est absent, savoir : s'il s'agit seulement de la présomption d'absence, un acte de notoriété passé devant notaire attestant que le mari est absent, et que l'on n'a aucune nouvelle de lui; au cas d'absence déclarée, l'expédition du jugement qui a déclaré l'absence (¹). Il faut seulement remarquer qu'aux termes des art. **148, 149** et **155** C. civ., au cas de présomption d'absence, le consentement de la femme et son assistance suffisent pour la validité du mariage de son enfant mineur, et des conventions qui règlent ses intérêts civils. Il faut remarquer encore que si l'absence a été déclarée et la femme envoyée en possession en qualité d'héritière ou conjointement avec les héritiers du mari, le jugement d'envoi en possession la rend capable de faire tous les actes d'administration tant sur ses biens propres, que sur ceux en la possession desquels elle a été envoyée et, qu'elle n'a en conséquence besoin d'aucune autorisation pour faire ces actes; pour recevoir un capital mobilier par exemple (Trib. Seine, **23** février 1853).

Minorité. — « Si le mari est mineur, l'autorisation du juge » est nécessaire à la femme soit pour ester en jugement, soit » pour contracter » (art. **224**). L'autorité du juge intervient quand le mari est mineur, a dit Portalis dans l'exposé des

(¹) Toullier, II, n. 534.

motifs : « Comment celui-ci pourrait-il lui-même autoriser les
» autres, quand lui-même a besoin d'autorisation» ? Et cependant l'art. 224 est de droit nouveau. Dans l'ancien droit (¹),
le mari mineur peut autoriser sa femme, tout au moins pour
contracter, d'après la maxime « habilis ad nuptias habilis ad
» consequentias », car l'incapacité de la femme était une conséquence de l'autorité maritale et le pouvoir marital résultait toujours du mariage quel que fût l'âge des époux. La
femme n'était pas, il est vrai, autorisée à se faire relever
de son obligation, mais le mari était recevable à se faire
restituer contre l'autorisation qu'il avait donnée, et l'autorisation étant ainsi annulée l'obligation de la femme devenait
nulle (²).

Avec le code, le fondement de l'incapacité a changé, le
mari doit protéger sa femme, sa minorité le met dans l'im-
possibilite de la protéger efficacement. Il en résulte que malgré la généralité de ses termes l'art. 224 n'a pas une portée
absolue; il est fondé sur l'incapacité du mari, il doit être
restreint dans les limites de cette incapacité. Le mineur est
émancipé de plein droit par le mariage ; le mari mineur sera
donc capable d'habiliter la femme à accomplir tous les actes
juridiques qu'il peut accomplir pour son propre compte en
qualité de mineur émancipé. Cette précision est intéressante
en droit, elle l'est fort peu en pratique. En fait, elle ne trouverait son application que pour les actions mobilières sous le
régime de la séparation de biens; car si malgré les termes
généraux de l'art. 224 la femme peut procéder seule à tous
les actes d'administration dont le droit lui a été conféré par
le régime sous l'empire duquel son contrat de mariage l'a

(¹) Pothier, n. 29.
(²) Rousseau de la Combe, v° *Autorisation*, sect. II, n. 6.

placée, d'un autre côté l'art. 215 fait exception à ce principe pour les procès (¹).

Ici se présente une question plus intéressante à notre point de vue. Le mari mineur doit-il être cité devant le tribunal ? Ou bien la femme peut-elle s'adresser directement à la Chambre du conseil ? La loi est muette sur ce point. Pour nous la femme peut et doit s'adresser directement à la Chambre du conseil, l'on est en matière gracieuse. Comment, en effet, se conformer à la procédure contentieuse et quel profit en retirera-t-on ? La sommation prescrite par l'art. 861 ne peut être faite au mineur puisqu'aux termes mêmes de l'art. 224 il ne peut accorder ni refuser son autorisation. Il sera alors impossible de citer le mari devant le tribunal car la citation ne doit intervenir qu'au refus du mari ; or, ici le mari ne peut ni refuser ni autoriser ; comment le citer devant la justice pour déduire les motifs d'un refus qui n'a pu exister ? La procédure contentieuse est donc impossible à suivre. Mais la puissance maritale appartient au mari bien qu'il soit mineur, ne serait-il pas convenable de le citer en Chambre du conseil pour donner des renseignements et des explications comme propose de le faire M. Toullier (²), qui tire un argument *à contrario* de la juxtaposition des art. 221 et 224. Le premier disant : « Au cas de condamnation » le tribunal peut accorder l'autorisation sans que le mari ait » été entendu ou appelé » et l'art. 224 ne reproduisant pas ces termes, M. Toullier en conclut que le mari mineur doit être consulté. Mais un argument *à contrario* est toujours sujet à caution. Faudrait-il conclure de ce que les mots « en connais- » sance de cause » (art. 222) ne se trouvent pas reproduits

(¹) Laurent, III, n. 129 ; Baudry-Lacantinerie, I, n. 640 ; Bertin, II, n. 866 ; Aubry et Rau, V, p. 148, note 43 ; Demolombe, IV, n. 221.
(²) Toullier, II, n. 654.

dans l'art. 221 par exemple que le juge ne doit pas accorder
l'autorisation « en connaissance de cause » ? Non certes, et
ces mêmes mots « en connaissance de cause » nous fournissent la solution que nous cherchons. Certes le tribunal qui
doit statuer « en connaissance de cause » pourra faire citer
devant lui le mari pour lui fournir les explications dont il
peut avoir besoin ; mais il ne l'entend qu'à titre documentaire,
d'une façon officieuse et de sa propre volonté (¹). Décider autrement c'est faire au mari une situation mixte, une sorte de
demi incapacité que la loi n'admet pas : incapable pour autoriser lui-même sa femme ; capable pour fournir des explications au tribunal. C'est créer de toutes pièces une procédure
qui n'existe dans aucun de nos codes.

Restent à examiner quelques hypothèses exceptionnelles. Si
les deux époux sont tous deux mineurs, le mari ne peut être
curateur de sa femme, il n'y a pas cependant de curateur
permanent, car l'art. 2208, qui prévoit précisément un cas de
minorité du mari et de la femme, suppose pour chaque affaire
la nomination d'un tuteur *ad hoc*. Nous croyons qu'il y aurait
lieu de nommer un curateur spécial dont les pouvoirs expire-
raient après l'accomplissement de l'acte pour lequel il a été
nommé (²). Si enfin le mari était mineur et la femme interdite
la femme aurait nécessairement pour tuteur une personne
autre que son mari. Les pouvoirs du mari en ce qui concerne
les biens de la femme passent alors au tuteur de la femme
qui n'a pas besoin de recourir à l'autorisation maritale dans
les cas où elle est généralement exigée. C'est du moins ce qu'a
jugé la cour d'Amiens le 29 décembre 1825 (S., 26, 2. 199).
« Attendu », dit la cour, « que l'autorisation du mari exigée par

(¹) Demolombe, IV, n. 253 ; Bertin, II, n. 855 ; Allemand, *Du Mariage*, II,
n. 984.
(²) Demolombe, IV, 229 ; Bertin, II, 868.

» les art. **215** et **217** ne s'applique qu'au cas où la femme
» jouit de la plénitude de sa raison et agit elle-même. Mais
» qu'il n'en est pas ainsi quand la femme est interdite puis-
» qu'aux termes de l'art. **509** elle est purement et simplement
» assimilée à un mineur...; que dès lors toute l'autorité du
» mari relativement aux biens de sa femme a été transportée
» au tuteur...; qu'il serait contraire à toute raison de créer
» par rapport à ses biens deux autorités rivales et souvent
» inconciliables, celle du tuteur et celle du mari » (¹).

Interdiction. — L'art. **222** du C. civ. qui parle du mari
mineur parle aussi du mari interdit. Frappé lui-même, en
principe, d'une incapacité générale pour tout ce qui concerne
ses intérêts pécuniaires, on conçoit qu'il ne puisse couvrir
l'incapacité de sa femme par un consentement que légalement
il ne peut pas donner. Il n'y a pas de difficulté lorsqu'il existe
un jugement d'interdiction, la femme joint alors à la requête
qu'elle présente l'expédition de ce jugement et agit par la voie
gracieuse. Le mari est incapable de consentir, il n'est ni
sommé, ni cité, ni même consulté et nous avons ainsi un nou-
vel argument contre l'argument de texte qu'invoquait Toullier
pour le mineur, car si on devait consulter le mineur, on devrait
aussi consulter l'interdit qui est visé par la même disposition
légale et ce serait vraiment folie que de consulter un interdit.

Si la femme a été nommée tutrice de son mari interdit, il
faudra distinguer entre les biens du mari et les biens de la
femme. Pour ses biens propres la femme aura toujours besoin
d'une autorisation et devra toujours l'obtenir du tribunal.
Quant aux biens de son mari et à ceux de la communauté, la
capacité de la femme est alors régie par les règles de la tutelle
(art. **507** du C. civ.) Elle n'aura donc pas besoin d'autorisation

(¹) Demolombe, IV, 228; Bertin, II, 870.

pour toucher un capital dû à la communauté, fût-ce le prix d'un immeuble, car son pouvoir de tutrice lui donne le droit de recevoir seule les capitaux de l'interdit (Seine, 10 fév. 1854). Ses pouvoirs seront seulement limités par la loi du 27 fév. 1880.

Si le mari est interdit, avons-nous dit, pas de difficulté ; mais si le mari est aliéné, mais n'est ni interdit ni placé dans un établissement d'aliénés, alors les difficultés de naître. Faut-il s'en tenir strictement au texte de l'art. 222 qui ne parle que de l'interdiction, et dire qu'un consentement donné par un mari aliéné suffit, est valable ? Non, car l'autorisation maritale est un consentement, le fou ne peut consentir ; s'il autorise sa femme dans un moment de folie, son autorisation sera nulle. Il y aura cependant une différence entre la situation du mari interdit et celle du mari aliéné. L'interdit ne peut autoriser son épouse, toute autorisation par lui donnée est nulle de droit, c'est-à-dire qu'il suffira à la femme qui invoque la nullité de prouver le fait même de l'interdiction (art. 502). Au contraire, lorsque le mari est simplement aliéné, . la présomption d'incapacité édictée par l'art. 502 n'existe plus ; l'autorisation ne sera nulle que si l'aliéné était incapable de consentir. Elle sera nulle si elle a été donnée dans un moment de folie ; valable, si elle a été donnée dans un intervalle lucide. Nous appliquons donc purement et simplement les mêmes règles que pour les autres actes accomplis par l'aliéné ; le demandeur en nullité devra prouver (et cette preuve sera toujours difficile et délicate à administrer) que l'aliéné était dans un moment de folie ; tant que cette preuve ne sera pas rapportée, l'autorisation vaudra. Ici, une question très délicate se pose. Le tribunal peut-il être saisi par la voie gracieuse et autoriser la femme dont le mari est aliéné ? Les auteurs traitent à peine la question ([1]). Ils semblent cependant

([1]) Laurent, III, 130.

admettre que les tribunaux peuvent autoriser la femme. Les cas où le tribunal intervient, disent-ils, sont ceux dans lesquels le mari est incapable de donner un consentement sain. Telle est la règle dont les textes ne sont que des applications. Toutes les fois que le mari ne peut manifester sa volonté, la justice peut intervenir par voie gracieuse. Le mari aliéné est incapable de consentir; les tribunaux peuvent et doivent intervenir. Raisonner ainsi, c'est, croyons-nous, partir d'un principe faux. La loi a nommément prévu les cas dans lesquels la justice peut être saisie par requête; il n'y a pas à ajouter à la liste qu'elle a dressée. Dans les cas prévus par la loi, il y a toujours une impossibilité certaine, matérielle; la loi établit alors une présomption d'incapacité; or, toutes les présomptions sont de droit étroit. La loi n'a pas placé la démence parmi les faits qui donnent naissance à la présomption et cela avec raison; car de deux choses l'une, ou bien la démence est faible et alors la femme pourra facilement attendre un intervalle lucide pour se faire autoriser par son mari, ou bien la folie est grave, il n'y a pas d'intervalle lucide; le fou est un danger non seulement pour sa femme, mais pour la société, il doit être interdit, et l'on comprend très bien que la loi ne lui ait pas fait une situation spéciale; elle le trouve dangereux, l'interdiction le rendra inoffensif. Il faut pousser tout le monde à provoquer son interdiction.

La femme a donc le choix, ou bien d'attendre un intervalle lucide, ou bien de provoquer l'interdiction de son mari. Si on admet la théorie inverse, il faut dire que toutes les fois que le mari pour une cause quelconque ne pourra manifester sa volonté, le tribunal pourrait autoriser la femme directement. Je sais que c'est l'opinion de Demolombe (¹) et qu'elle a été

(¹) Demolombe, IV, n. 223 et 224,

consacrée par le tribunal de la Seine le 3 juin 1853 (¹). Mais
cet auteur et la jurisprudence se trompent, nous le croyons
du moins. En effet, ou bien le mari peut, d'une façon quelconque, manifester sa volonté ; il est sourd-muet par exemple,
mais il peut se faire comprendre par un moyen de communication, alors c'est le mari qui doit donner l'autorisation, c'est-
à lui qu'on doit la demander (²). Ou bien il y a une impossibilité matérielle, le mari est sourd-muet et aveugle, on lui fera
une sommation ; cette sommation le touchera, mais il n'y
répondra rien puisqu'il ne peut répondre ; son silence, nous
le savons, équivaut à son refus ; et il ne restera plus qu'à
continuer la procédure contentieuse en citant le mari devant
le tribunal. On objectera peut-être que c'est faire une procédure inutile et coûteuse ; mais cette solution concordera seule
avec celle que nous avons donnée avec la majorité des
auteurs pour le cas où le mari est non présent. Le cas ne se
présentera d'ailleurs pour ainsi dire jamais, il est tout naturel
que le législateur ne s'en soit pas occupé. Nous croyons
donc que le texte, étant exceptionnel, doit être interprété restrictivement. Mais ici l'on nous arrête et l'on nous dit : la
jurisprudence et tous les auteurs sont d'accord pour décider
que si le mari est placé dans un établissement d'aliénés conformément à la loi du 30 juin 1838, il sera incapable
d'autoriser sa femme, et que celle-ci peut s'adresser directement à justice en joignant à sa requête un certificat du direc-
teur de l'établissement ou la décision qui nomme l'administrateur provisoire (³). Repoussez-vous aussi cette solution ;
ou si vous l'admettez, comment la conciliez-vous avec celle

(¹) Bertin, II, n. 874.
(²) Pothier, *Introduction au titre X de la coutume d'Orléans*, n. 150.
(³) Aubry et Rau, V, p. 147, note 40 ; Bertin, II, n. 871, Trib. de la Seine, 27 mai
1854 ; Demolombe, IV, n. 225.

que nous venez de donner? Nous nous rangeons ici à l'avis de la jurisprudence. La loi de 1838 est postérieure au code. Celui-ci ne s'est pas occupé des aliénés internés mais non interdits. Mais puisque légalement cette condition de personnes n'existait pas, il ne l'exclut pas, par omission. Si, d'autre part, nous considérons l'économie générale de la loi de 1838, nous voyons que les personnes internées dans un établissement d'aliénés sont placées dans une situation analogue à celle des interdits, certains actes leur sont défendus; ils ont un représentant pour sauvegarder leurs intérêts. Nous croyons qu'il y a lieu d'assimiler les uns aux autres.

Reste l'individu pourvu d'un conseil judiciaire. La question est grave et a été beaucoup discutée. Deux théories extrêmes sont en présence. Faut-il dire que le mari est capable ou incapable d'autoriser son épouse? Éliminons d'abord les actes pour lesquels le mari n'aura pas besoin de l'assistance de son conseil, pour ces actes le mari est capable, pleinement capable, et seul il aura le droit d'autoriser son épouse. Quant aux actes qu'il ne peut faire sans l'assistance de son conseil, le mari n'étant pas visé par l'art. 222, demeure-t-il capable et peut-il habiliter sa femme à faire des actes que lui-même ne saurait accomplir ([1])? Ou doit on dire au contraire avec la jurisprudence que le mari étant incapable ne peut autoriser sa femme pour tout les actes qu'il ne peut faire lui-même sans l'assistance de son conseil et qu'il faut s'adresser directement à la justice ([2])? Ces deux solutions extrêmes nous paraissent également inacceptables. On ne peut concevoir qu'un incapable donne la capacité qu'il n'a pas, et la seconde

([1]) Duranton, II, n. 506; Cubain, n. 149.
([2]) Rennes, 7 décembre 1840, S., 41. 2. 423. — Bordeaux, 15 juin 1869, S., 69. 2. 316. — Cass., 6 déc. 1876, D., 77. 1. 307. — Demolombe, IV, n. 226; Duvergier et Toullier, II, n. 654, *note* a; Aubry et Rau, V, p. 146 note 45.

solution vient se buter au texte de l'art. 222 qui ne parle que de l'interdit alors que le code lui-même a réglé la situation de l'individu pourvu d'un conseil judiciaire. D'ailleurs, le mari pourvu d'un conseil judiciaire n'est pas dans la situation de l'interdit, il conserve une notable partie de sa capacité, certains actes seulement lui sont défendus, et pour ces actes il redevient pleinement capable avec l'assistance de son conseil. C'est donc au mari assisté de son conseil qu'il faudra demander l'autorisation ; il aura alors la capacité nécessaire et suffisante pour la donner (¹). MM. Aubry et Rau objectent que cette opinion est contraire à l'esprit de notre législation qui veut que la femme soit autorisée par justice toutes les fois que le mari est incapable de l'autoriser lui-même ; mais nous nous sommes déjà expliqué sur cette théorie. Pour être logiques avec eux-mêmes, MM. Aubry et Rau devraient dire que l'on peut s'adresser directement à justice quand le mari aliéné n'est ni interné ni interdit, or ils ont toujours reculé devant cette affirmation. L'opinion que nous indiquons n'est pas généralement admise elle a cependant été consacrée par deux arrêts de la cour de Paris des 27 août 1833 et 13 novembre 1866 (²). Ce n'est qu'au refus du mari assisté de son conseil que l'on pourra s'adresser à justice mais alors par la voie contentieuse.

Condamnation. — L'art. 221 porte : « Lorsque le mari est » frappé d'une condamnation emportant peine afflictive ou » infamante, encore qu'elle n'ait été prononcée que par con- » tumace, la femme même majeure, ne peut, pendant la durée » de la peine, ester en jugement ni contracter, qu'après s'être » fait autoriser par le juge qui peut en ce cas donner l'auto- » risation sans que le mari ait été entendu ou appelé ». Il

(¹) Laurent, III, n. 132 ; Bertin, II, n. 872 ; Magnin, *Des minorités*, n. 909.
(²) S., 33. 2. 562. — S., 67. 2. 124.

s'agit ici encore d'une autorisation à obtenir gracieusement. La loi considère le mari condamné comme indigne, elle prononce contre lui une déchéance temporaire de la puissance maritale. Cette déchéance doit (art. **221**) subsister seulement « pendant la durée de la peine ». L'art. **221** s'applique sans difficulté aux peines temporaires considérées en elles-mêmes. Mais si le mari encourt une peine afflictive criminelle, il encourt la dégradation civique (art. **28** du C. pén.), peine infamante perpétuelle qui survit à la peine afflictive et dure autant que la vie du condamné. L'incapacité du mari durera-t-elle autant que la dégradation civique? Telle est la question qui se pose. L'incapacité ne peut durer toute la vie du condamné, sans quoi on violerait l'art. **221**, aux termes duquel l'incapacité existe « pendant la durée de la peine ». Ces mots « pendant la durée de la peine » ont un sens net et précis ; ils ne peuvent vouloir dire, tant que durera l'infamie, car cette infamie est perpétuelle et le texte eût simplement dit que l'incapacité serait perpétuelle. « Pendant la durée de la peine », signifie pendant la durée de la détention. C'est pendant ce temps seulement que le condamné est interdit (art. **29** du C. pén.). Une fois sa peine subie, il peut, sauf quelques restrictions apportées par la loi, accomplir tous les actes de la vie civile, on ne voit pas pourquoi il ne pourrait autoriser la femme à les faire et pourquoi l'art. **221** lui serait applicable. Ces mots « pendant la durée de la peine » sont-ils tout simplement une addition inutile (¹), le résultat d'une erreur et la réhabilitation pourra-t-elle seule rendre au mari le droit d'autoriser sa femme? Non, car cette solution est formellement contredite par les textes. L'art. **28** du C. pén. de **1810** énumérant les incapacités qui frappaient le dégradé civique-

---

(¹) Delvincourt, I, p. 164.

ment, n'indiquait pas la déchéance de la puissance maritale, et l'art. 34 du même code qui depuis la loi du 28 avril
1832 réglemente aussi les effets de la dégradation civique,
n'en parle pas non plus. Malgré la dégradation civique, le
mari peut être tuteur, curateur, subrogé tuteur, ou conseil
judiciaire de ses propres enfants. Ces fonctions ont une analogie parfaite avec le droit d'autoriser la femme, et, comme
elle, s'appliquent aux relations de famille. La dégradation
civique est restée en dehors des prévisions du législateur de
1804, ce n'est pas étonnant, puisque l'on préparait alors une
refonte du système pénal et que l'on ne savait pas si dans le
nouveau code la dégradation civique trouverait place (¹). Malgré l'avis contraire de presque tous les auteurs, nous dirons
de même du bannissement. Le bannissement et la dégradation
civique étant les deux seules peines simplement infamantes,
nous dirons qu'il faut lire le texte de l'art. 221 comme s'il y
avait « peine afflictive et infamante » (²).

Ces mêmes mots de l'art. 221 « pendant la durée de la
» peine » que nous venons de discuter assez longuement donnent naissance à une nouvelle difficulté. L'art. 221 déclare
le contumax incapable d'autoriser sa femme. Or le contumax ne subit pas de peine, la peine prononcée n'est même
jamais subie, puisque la représentation du contumax anéan-
tit le jugement qui l'a frappé (art. 476 C. instr. crim.). D'autre part, le contumax est frappé par l'art. 465 C. instr. crim.
de la suspension de ses droits de citoyen et de la faculté
d'ester en justice. Il ne peut donc autoriser sa femme, il ne
peut même se présenter devant le tribunal pour déduire les
raisons qui doivent motiver le refus de l'autorisation deman-

---

(¹) Baudry-Lacantinerie, I, n. 640; Aubry et Rau, V, p. 147, note 42; Duranton,
II, n. 507; Berlin, II, 881.

(²) Cubain, *Droit des femmes,* n. 142.

dée par la femme. Et paraphrasant l'art. **221**, nous dirons :
le contumax ne peut autoriser son épouse pendant tout le
temps qu'il est sous le coup de la peine qui le menace, c'est-
à-dire tant que la prescription n'est pas venue le mettre à
l'abri de la peine ou tant qu'en ne se présentant pas, il n'a
pas anéanti la condamnation prononcée contre lui. La prescription, nous le savons, est de vingt ans (¹).

L'art. **221** doit s'appliquer même aux peines perpétuelles,
car lors de la rédaction du code, prononcées contradictoirement, elles emportaient la mort civile; prononcées par con-
tumace : cinq années d'interdiction des droits civils, puis la
mort civile. On peut dire d'ailleurs que l'incapacité édictée
par l'art. **221** est une conséquence de l'interdiction légale
attachée à toutes les peines afflictives et infamantes temporaires ou perpétuelles, prononcées contradictoirement, et cette
formule très simple nous permettrait d'arriver à toutes les
solutions que nous venons d'indiquer. Il n'y aurait de difficulté que pour le contumax, mais le contumax dissimule
sa résidence, l'on ne sait où il est, il est donc absent. Ce sera
à raison de l'absence de son mari que la femme du contumax s'adressera directement à justice. Nous aurions pu
nous contenter de cette explication très simple qui paraît logique; si nous avons procédé autrement, c'est qu'elle n'est
proposée par aucun auteur et que, la trouvant trop simple,
l'on eût peut-être contesté son exactitude.

Il est de doctrine et de jurisprudence constantes que ce que
nous avons dit du condamné ne s'applique pas au failli et que
le failli est capable d'autoriser son épouse (Paris, 11 mars
1879, S., 79. 2. 172).

Il faut maintenant nous expliquer sur les actes pour lesquels

_____

(¹) Bertin, II, n. 882; Cubain, *id.*, n. 143.

l'autorisation de justice est requise. La femme a besoin d'être autorisée pour contracter et pour ester en justice. Parlons d'abord de l'autorisation pour contracter.

Autorisation pour contracter. — L'autorisation pour contracter doit tout d'abord être spéciale ; une autorisation générale ne vaudrait que pour l'administration des biens (art. 223 et 1388 du C. civ.) L'autorisation devra être donnée pour chaque affaire en connaissance de cause, à une date aussi rapprochée que possible de l'acte. Pour être vraiment spéciale, l'autorisation devrait porter une indication précise du contrat des contractants, etc. ; mais en pratique on ne tient guère la main à ces précisions. L'autorisation doit être antérieure au contrat ou concomitante avec lui. Supposons en effet un contrat qui se forme par la signature, il est indispensable qu'au moment de la signature toutes les parties soient capables. Or, faute d'autorisation, la femme est incapable et le contrat nul (¹). La femme a besoin d'autorisation toutes les fois qu'il s'agit d'un bien à elle appartenant, fût-ce une propriété intellectuelle. Ainsi, une femme auteur d'un ouvrage littéraire ne peut ni le publier, ni le faire représenter sans l'autorisation de son mari ou de justice. La femme a besoin d'autorisation pour contracter. Contracter, c'est s'obliger par convention. La femme mariée ne peut donc s'obliger par convention, sans autorisation, son incapacité est générale et s'étend à toutes espèces d'actes à titre gratuit ou à titre onéreux. La femme mariée aura besoin d'être autorisée pour accepter une donation à elle faite, pour faire des acquisitions, pour aliéner ses biens meubles ou immeubles, constituer sur ses héritages des servitudes, des hypothèques, effectuer un paiement, faire une renonciation, etc. Mais nous avons déjà indiqué que pour

(¹) Douai, 10 déc. 1872, D., 73. 2. 94. — Paris, 14 nov. 1887, D., 88. 2. 225.

certains actes la femme même non autorisée est capable : testament, etc. Nous avons dit aussi que la femme pouvait par contrat de mariage se réserver l'administration d'une partie de ses biens et que pour cette administration elle n'avait besoin d'aucune autorisation, etc. A ces restrictions, il faut en ajouter d'autres. La femme n'a pas besoin d'autorisation pour faire certains actes simplement conservatoires et qui n'exigent pas une demande en justice. La femme peut, par exemple, requérir elle-même l'inscription de son hypothèque légale ([1]). Mais il faudra que ces actes aient uniquement pour objet la conservation des droits de la femme. L'autorisation est encore étrangère aux obligations dont la validité n'est pas subordonnée à la capacité de la femme. Aux termes de l'art. 1370 du C. civ., il est des engagements qui naissent de l'autorité seule de la loi, telle est l'obligation de gérer une tutelle à laquelle on est appelé. La femme est encore tenue, même malgré elle, de ses délits et quasi-délits. La loi le dit pour le mineur et il est certain qu'il n'est point besoin d'être capable pour être engagé par ses délits. Nous croyons même, et sur ce point Pothier est de cet avis, que la femme n'a pas besoin de l'autorisation maritale pour être engagée, soit envers le tiers qui a géré ses biens (action de gestion d'affaire), soit envers le tiers dont elle a géré les biens (action *de in rem verso*). En un mot, toutes les fois qu'il y a un quasi-contrat. Mais la femme est alors tenue non en vertu du quasi-contrat, mais, en vertu de cette règle d'équité, que « nul ne doit s'enrichir aux » dépens d'autrui » ([2]).

Reste à nous expliquer sur les contrats entre époux, ou plus exactement sur les contrats dans lesquels le mari est intéressé. Deux hypothèses peuvent se présenter : ou bien la

([1]) Laurent, III, n. 98 ; Aubry et Rau, V, p. 443.
([2]) Laurent, III, n. 101.

FAURE

7

femme s'engage envers un tiers dans l'intérêt du mari, ou bien le contrat se passe directement entre le mari et la femme.

L'autorisation de justice est-elle nécessaire lorsque la femme traite avec des tiers dans l'intérêt de son mari? Non, a-t-on dit, et l'on a invoqué la vieille maxime romaine *Nemo potest esse auctor in rem suam* (¹). Mais cette règle, n'est pas applicable au cas où la personne qui assiste un incapable placé sous sa protection ne doit profiter qu'indirectement de l'acte accompli par cet incapable (²). On a invoqué encore l'art. 1427 C. civ. mais cet article fait suite à l'art. 1426 qui décide que la femme non marchande publique ne peut engager les biens de la communauté lorsqu'elle ne contracte qu'avec l'autorisation de justice ; il vient simplement faire exception à cette règle dans deux cas spéciaux, il ne s'applique, qu'aux biens de communauté. La femme s'engage donc valablement, et c'est ce que décide un arrêt de la Cour de cassation du 13 octobre 1812 (³).

Restent les contrats entre époux. Ici se poserait une question préjudicielle, celle de savoir si les contrats entre époux sont permis. Sans la discuter, disons que, pour nous, les contrats entre époux sont permis sauf quand un texte formel de loi les défend (⁴). L'autorisation du mari suffit-elle alors à la femme pour l'habiliter, ou bien, doit-elle s'adresser à justice pour que celle-ci l'autorise et sauvegarde ses intérêts? En faveur de l'autorisation donnée par la justice, on invoque la crainte du mari, son influence; le mari, dit-on, pourra employer même des moyens illicites pour forcer la femme à passer avec lui des contrats qui lui seront avantageux. Merlin

(¹) *Inst.*, I, 21. 3.
(²) Dig., 26. 8, loi 1.
(³) Dalloz, *Rép.*, v° *Mariage*, n. 813, note.
(⁴) Demolombe, IV, n. 235 s.

résout la question fort simplement (¹). Il faut, dit il, partir
des principes. Le principe est que la femme ne peut faire
aucun acte sans y avoir été autorisée par son mari. Par exception le juge peut autoriser la femme au lieu et place du mari
dans quelques rares hypothèses que la loi n'abandonne pas à
l'abitraire de l'interprète, mais indique elle-même formellement : refus du mari, interdiction, minorité, absence ou condamnation du mari. Tout est ici de droit strict car ce sont des
exceptions apportées à une règle. Les contrats entre époux
ne sont pas une de ces exceptions, donc l'autorisation du mari
est nécessaire et suffisante. Le législateur parle dans l'art.
1097 des donations entre vifs, dans l'art. 1451 du contrat de
rétablissement de communauté, dans l'art. 1595 de la vente
entre époux ; comment concevoir que l'autorisation de justice
soit nécessaire puisque dans aucun de ces articles où elle eût
dû être prescrite il n'en est le moins du monde question ? On
invoque ici encore la règle *Nemo potest esse auctor in rem suam*
qui doit, dit-on, s'appliquer, puisqu'il s'agit d'un contrat entre
l'*auctor* et celui qu'il autorise. Mais cette maxime s'appliquait
en droit romain en matière de tutelle, elle ne s'applique pas
pour cela à l'autorisation dont la femme a besoin sous le code
civil, et cela se comprend (²). Cette prohibition était naturelle
à l'égard du tuteur, car la tutelle a été créée pour garantir les
droits du mineur, du pupille et la maxime *Nemo potest esse
auctor in rem suam* vient empêcher que les mineurs ne soient
lésés par ceux-là mêmes qui ont charge de veiller sur leurs
intérêts. L'autorisation maritale a pour but de garantir non
les intérêts privés de la femme, mais ses intérêts fami-
liaux ; il n'y a donc pas lieu d'appliquer la règle romaine.

(¹) Merlin, *Quest. de droit*, vᵒ *Puissance maritale*, IV.
(²) Elle résultait d'ailleurs du formalisme romain, le tuteur ne pouvait en effet
remplir un double rôle dans un contrat, il y avait là une impossibilité matérielle.

Cette solution paraît confirmée par un décret du 17 mai 1809 qui permet à la femme de constituer un majorat en faveur de son mari avec l'autorisation de ce dernier ([1]), elle est aussi généralement admise par la jurisprudence ([2]). Nous savons qu'elle n'est pas à l'abri de toute critique, que le mari pourra avoir un intérêt opposé à celui de la famille et sacrifier ce dernier au sien. Là où il y a conflit d'intérêts ne faudrait-il pas que les tribunaux intervinssent? Mais alors où le législateur eût-il dû s'arrêter? On ne sait trop. Nous avons montré où il s'est arrêté en fait, et croyons plus sage de nous en tenir aux textes.

Autorisation pour ester en justice. — La femme ne peut en principe ester en justice, ni comme demanderesse, ni comme défenderesse, sans y être autorisée. Cette incapacité est absolue, elle s'étend même aux procès qui pourraient naître au sujet de l'administration des biens de la femme, alors même qu'elle serait séparée de biens et pourrait administrer ses biens sans autorisation maritale. La loi a pensé qu'un procès est toujours chose hasardeuse, que chacun peut y voir ses droits sacrifiés. Elle a édicté une prohibition générale qui s'applique (art. 215) même à la femme commerçante qui a en général une capacité plus large.

L'autorisation d'ester en jugement doit être expresse ; elle doit être spéciale, c'est-à-dire donnée nominativement pour l'instance dont s'agit; donnée pour chaque juridiction ; donnée pour user des voies extraordinaires de recours : requête civile, pourvoi en cassation et prise à partie. Doit-elle aussi être préalable? En principe, il semblerait que oui; une jurisprudence constante décide cependant le contraire, décide que

---

([1]) Aubry et Rau, V, p. 149, note 47, *in fine*.
([2]) Montpellier, 18 nov. 1853, D., 55. 2. 90. — Bordeaux, 29 avril 1856, D., 56. 2. 202. — Bordeaux, 1888, S., 89. 2. 125; Laurent, III, n. 134; Huc, II, n. 273.

si l'autorisation n'intervient pas dès le début de l'instance, elle peut être utilement donnée en cours d'instance et couvrir la nullité de la procédure. La jurisprudence a raison croyons-nous. L'autorisation de justice, surtout lorsqu'elle est demandée par voie gracieuse, est équivalente à celle du mari, or, pour l'autorisation maritale, la rédaction différente des art. 215 et 217 du C. civ. prévoyant, l'un, l'autorisation pour contracter, l'autre, celle pour ester en jugement montre que l'autorisation peut n'être pas donnée au même moment. L'art. 217 exige en effet que le mari concoure à l'acte ou donne son consentement, ce qui implique une autorisation préalable ou concomitante. L'art. 215 dispose au contraire que la femme ne peut ester en jugement sans le consentement du mari, sans préciser l'époque à laquelle cette autorisation doit intervenir. Logiquement, d'ailleurs, pour un contrat la capacité des contractants est requise au moment où l'acte intervient. C'est à ce moment que la femme devra être habilitée. Lorsqu'il s'agit d'une instance, au contraire, il y aura une simple irrégularité relative et non absolue, puisque jusqu'au moment où la décision de justice intervient, les droits des parties n'ont subi aucune atteinte ; il est naturel que l'autorisation intervenant alors suffise pour régulariser la procédure et permettre au tribunal de statuer régulièrement sur les prétentions respectives des parties.

L'autorisation est nécessaire d'une façon générale et absolue toutes les fois que la femme veut ester en justice, quelle que soit l'espèce d'instance dont s'agit, quel que soit le rôle de la femme partie dans cette instance, sous quelque régime qu'elle soit mariée et quel que soit son adversaire.

Mais nous ne nous occupons ici que de l'autorisation donnée par la voie gracieuse. Il faut que nous précisions quelque peu.

L'autorisation est nécessaire quelle que soit l'espèce d'instance. Elle sera donc nécessaire à la femme pour poursuivre l'interdiction de son mari, mais la femme devra alors suivre la voie contentieuse, car son mari n'est pas encore interdit. Elle lui sera nécessaire pour demander la nullité de son mariage, car tant que le mariage n'est pas annulé, il existe et avec lui la nécessité de l'autorisation. L'autorisation sera nécessaire à la femme, même pour le préliminaire de conciliation, car le préliminaire, sans être une instance en lui-même, peut aboutir à une transaction pour laquelle la femme doit avoir été autorisée (¹). Elle sera nécessaire pour agir en référé car il y a là une action en justice (²). La femme devra de plus être autorisée spécialement pour toute procédure qui ne rentrerait pas dans l'autorisation expresse à elle donnée : par exemple pour se désister, acquiescer à la demande, transiger, déférer le serment décisoire ou le prêter s'il lui est déféré (³). Mais pour qu'il y ait besoin d'autorisation il faut une instance véritable.

L'autorisation, avons-nous dit, est nécessaire quel que soit le rôle de la femme dans l'instance. C'est vrai, mais la femme ne pourra se faire autoriser par la voie gracieuse que si elle est demanderesse : si en effet la femme est défenderesse le demandeur doit assigner et le mari et la femme (Argument des art. 818 et 2208); à défaut de cette formalité l'assignation est nulle, la femme étant incapable d'ester seule en justice. Toutes les fois que la femme sera défenderesse on sera en matière contentieuse. Cela résulte des textes. L'art. 863 du code de procédure civile parle en effet de la femme qui « veut » se faire autoriser à la poursuite de ses droits » par conséquent

(¹) Aubry et Rau, V, p. 139, note 7 ; Duranton, II, 452 ; Demolombe, IV, 129.
(²) Bertin, II, 902 ; Demolombe, IV, 325.
(³) Bertin, II, 893 ; Demolombe, IV, 280 à 283.

de la femme demanderesse. Si la femme est défenderesse, il n'y a pas lieu à une instance spéciale pour l'autoriser. Comme l'a dit Berlier dans l'exposé des motifs « l'action du deman-» deur ne peut être subordonnée à la volonté du mari ni para-» lysée par elle..... l'autorisation alors n'est qu'une simple » formalité que la justice supplée quand le mari la refuse ». Le tribunal saisi autorisera la femme s'il y a lieu. Nous n'aurons donc pas à nous occuper de tous les cas où la femme est défenderesse et cela simplifie la question.

L'autorisation est requise sous quelque régime que la femme soit mariée et quel que soit son adversaire. Ces deux propositions n'offrent pas de difficultés.

A la généralité de la nécessité de l'autorisation la loi et les commentateurs ont apporté quelques exceptions. « L'autorisa-» tion du mari n'est pas nécessaire lorsque la femme est pour-» suivie en matière criminelle et de police » dit l'art. 216. Mais la femme est alors défenderesse, et il n'y a point à nous occuper de l'exception. Dans certains cas le législateur, pour protéger la femme qui veut plaider contre son mari en divorce, sépara-tion de biens ou séparation de corps, par exemple, lui permet d'obtenir de justice l'autorisation que son mari lui refuserait certainement. L'autorisation est alors accordée par le prési-dent du tribunal civil (art. 865 C. pr. civ., loi du 27 juillet 1884, art. 875 et 878 C. pr. civ.). Nous avons limité notre étude aux actes émanés des tribunaux de première instance statuant en corps, aussi laissons-nous de côté ces autorisa-tions ainsi que celles qui pourraient, si l'on décide ainsi, être demandées aux cours d'appel ou à la cour de cassation, pour plaider devant elles (¹).

En réunissant toutes les indications que nous avons don--

(¹) Demolombe, IV, 262 et 263.

nées jusqu'ici, nous arrivons à la formule suivante : Il y aura lieu d'autoriser la femme par la voie gracieuse à ester en justice toutes les fois que la femme sera demanderesse, quand son mari est absent ou incapable ; à moins qu'il ne s'agisse d'une demande en divorce, séparation de corps ou de biens.

. Nous en aurions fini avec ces considérations générales, et nous pourrions immédiatement rechercher le tribunal compétent, la procédure à suivre et les voies de recours, si une question connexe aux précédentes ne se posait.

Nous avons dit plus haut, que pour être utile, l'autorisation de justice devait habiliter la femme avant qu'elle n'eût passé le contrat, ou avant que le jugement ne fût intervenu ; sans quoi contrat ou procédure seraient nuls. Cette nullité provenant du défaut d'autorisation ouvre une double action en nullité au mari et à la femme. Tout va bien si le mari est majeur et capable, car alors mari et femme peuvent se mettre d'accord, s'entendre afin de ratifier l'acte accompli. Mais si le mari est absent ou incapable, que faire ? Supposons, par exemple, une femme qui a vendu sans autorisation un de ses immeubles, la vente consentie est une excellente opération, la femme voudrait la ratifier ; mais son mari est mineur ; peut-elle alors s'adresser à justice ? et si la justice peut lui accorder l'autorisation, quel en sera l'effet à l'égard du mari quant à l'action en nullité qui lui appartient personnellement ? La question est extrêmement délicate. Nous croyons que la femme dont le mari est absent ou incapable au moment de l'acte et de la ratification, peut, avec l'autorisation de justice, consentir à la ratification et enlever au mari lui-même son action en nullité. Cela nous semble résulter d'abord des termes généraux de l'art. 221. La justice peut autoriser gracieusement la femme à contracter; or, qu'est-ce que la ratification, sinon un contrat? Si la vente était à faire, la justice pourrait l'autoriser. La justice doit donc *a fortiori* pouvoir autoriser la femme à la ratifier. A cela, je le sais, on répond aussitôt : la femme n'est pas seule intéressée, le mari a lui aussi une action en nullité ; la ratification d'un contrat ne peut jamais avoir lieu au mépris des droits acquis à des tiers (art. 1388). Dans l'espèce, le mari est un tiers, quant à l'action en nullité qui lui appartient. La femme a violé la règle de l'autorisation maritale, c'est à ses risques et périls, tant pis pour elle, et l'incertitude du contrat servira de sanction au principe. L'argument porte, il est grave, mais ne nous décide pas cependant. On est obligé d'admettre que les actions en nullité du mari et de la femme se prescrivent par dix ans à compter de la dissolution du mariage (art. 1304). Or cette prescription de dix ans est fondée sur une idée de ratification tacite. Si une ratification tacite est possible, pourquoi écarter une ratification expresse? C'est dans l'intérêt de l'autorité maritale que l'on refuse le droit à la ratification, car les alié-nations faites par la femme, même avec l'autorisation de jus-tice, ne peuvent porter atteinte aux droits du mari. Mais cette autorité maritale, quand le mari est incapable dans le sens des art. 221 et 222 du code civil, la loi la délègue aux tribu-naux jugeant en matière gracieuse. Pourquoi ne pas attribuer aussi à ces mêmes tribunaux jugeant en matière gracieuse le droit d'autoriser la ratification, droit qui appartient au mari et dont celui-ci ne peut user à raison de son incapacité même (¹)?

Quand le mari est absent ou incapable, l'autorisation de contracter sera demandée à la Chambre du conseil du domi-cile commun des époux, c'est-à-dire du mari. Depuis la loi du 9 février 1893, il n'y a plus lieu de faire exception pour le cas où les époux sont séparés de corps, car la femme n'a

(¹) Demolombe, IV, 271,

plus alors besoin d'autorisation maritale. Le tribunal du domicile du mari est plus à même que tout autre d'apprécier les
motifs de l'absence du mari, le mérite de la demande, les
garanties qu'offre la femme. Il n'y a pas de différence pour
l'autorisation d'ester en justice. D'ailleurs, à quel autre tribunal pourrait s'adresser la femme ? Au tribunal devant
lequel elle devrait porter l'action qu'elle se propose d'intenter ? Mais il n'est pas encore saisi et il est peut-être éloigné.
C'est donc au tribunal du domicile du mari qui est en même
temps celui du domicile de la femme qu'il convient de s'adresser. Les demandes relatives aux autorisations de femmes
mariées sont, en vertu de l'art. 60 du décret du 30 mars 1808,
réservées à la chambre où le président siège habituellement.
Nous ne parlons pas des cas où l'autorisation est demandée par
la femme pour faire appel, car elle doit être demandée à la
Cour, sans quoi la femme serait exposée à solliciter du tribunal qui l'a rendue la permission d'attaquer sa sentence, ce
qui ne serait guère logique (¹).

La femme présente au tribunal une requête (art. 863 et
864 C. pr. civ.) dans laquelle elle expose les faits qui nécessitent l'intervention de la justice ; elle joint à sa requête les
pièces justificatives : acte de naissance du mari pour justifier
de sa minorité, jugement déclaratif d'absence, jugement d'interdiction ou de condamnation (²). Au bas de la requête, le
président du tribunal rend une ordonnance qui prescrit la
communication au ministère public et commet un juge pour
faire un rapport au jour indiqué. Sur ce rapport et les conclusions du procureur de la République, le jugement est
rendu.

(¹) Demolombe, IV, n. 254 ; Berlin, II, n. 847 ; Rousseau et Laisney, v° *Autori-sation*, n. 130.
(²) Rousseau et Laisney, eod. v°, 153.

La seule question discutée est celle de savoir s'il sera rendu à l'audience ou en chambre du conseil. En faveur du jugement à l'audience, on dit que la publicité est la règle, et doit être respectée tant qu'un texte formel n'y a pas dérogé. Mais il y a des motifs de refus, dont la divulgation peut être très préjudiciable pour la femme. D'ailleurs, les art. 863 et 864 nous placent en Chambre du conseil et ne nous en font pas sortir. Dans l'Exposé des motifs, le tribun Berlier a dit que : « L'au-
» torisation sera immédiatement donnée ou refusée par juge-
» ment rendu en la Chambre du conseil sur les conclusions
» du Ministère public, sans autre procédure ni formalité ».
Il y a là une continuité de procédure que l'on ne saurait méconnaître et qui a entraîné l'adhésion de nombreux auteurs à cette solution ([1]). On pourrait d'ailleurs dire, comme le font MM. Boitard et Colmet Daage, dans leurs *Leçons de procédure,* que la publicité doit exister lorsqu'on agit au refus du mari, c'est-à-dire en matière contentieuse, et que le jugement doit, au contraire, être rendu en Chambre du conseil lors-que l'on est en matière gracieuse ([2]).

Quels sont les pouvoirs du tribunal en notre matière? Il peut, cela ne fait pas doute, accorder ou refuser l'autorisation qu'on lui demande : « L'autorisation sera immédiatement
» donnée ou refusée par jugement rendu en Chambre du con-
» seil » lisons-nous dans l'Exposé des motifs. Mais entre ces deux solutions extrêmes, on peut concevoir bien des solutions intermédiaires. Le tribunal peut-il, oui ou non, les ordonner? Il est certain tout d'abord que le tribunal ne peut ordonner autre chose que ce qui lui est demandé, car pour qu'un tribunal statue il faut qu'il soit saisi et il n'est saisi que par une

---

([1]) Merlin, *Rép.,* v° *Autor. marit.,* VIII, n. 2 *bis;* Bioche, v° *Femme mariée,* n. 133; Carré, quest. 292-3°.

([2]) Boitard et Colmet Daage, n. 1108, note 2.

demande. Le tribunal ne pourra, par exemple, autoriser la vente de tel immeuble alors qu'on lui demandait d'autoriser la vente de tel autre. Mais peut-il, tout en accordant l'autorisation, la soumettre, la subordonner à certaines conditions qui n'en changent pas absolument la nature? Peut-il, par exemple, lorsque la femme lui demande l'autorisation d'emprunter une somme à 3 0/0, l'autoriser à l'emprunter à 4 0/0? Peut-il l'obliger à faire remploi du prix d'un immeuble par elle vendu? etc. etc. Non, croyons-nous, la capacité des personnes est réglée par la loi; or la femme munie de l'autorisation de son mari ou de justice est pleinement capable; étendre les pouvoirs du tribunal et lui permettre de limiter cette capacité, ce serait, à l'encontre de la loi, porter atteinte à la capacité de la femme. Mais, nous répond-on, nous ne voulons pas limiter la capacité de la femme, lui donner une capacité conditionnelle; il y a là un refus déguisé d'autorisation; le tribunal refuse l'autorisation à moins que la femme ne consente à agir selon le mode que le tribunal lui conseille. La justice doit statuer en connaissance de cause, il faut bien qu'elle précise les conditions dans lesquelles elle accorde son autorisation. La justice remplit un rôle de tutelle, si elle ne peut subordonner à certaines conditions les autorisations qu'elle donne, elle sera dans l'impossibilité de protéger la femme et de sauvegarder ses intérêts. Enfin l'autorisation gracieuse que donne la justice est analogue à celle du mari qu'elle supplée; or le mari, avant de donner une autorisation, indiquera les conditions sous lesquelles il la donne; la justice doit pouvoir faire de même. Non, dirons-nous encore, car entre l'autorisation du mari et celle de justice il y a des différences profondes, l'une peut être tacite, la seconde doit toujours être expresse. Et de même qu'en présence d'une autorisation tacite on peut concevoir un refus tacite résultant d'une autorisation conditionnelle, de même alors qu'une autorisation expresse est exigée, on doit exiger un refus d'autorisation formel. Nous croyons donc que le tribunal n'a le choix qu'entre les deux solutions extrêmes; toute décision autre serait inutile puisqu'elle ne concordera pas avec le consentement de la femme; et ce consentement est indispensable pour que l'on soit en matière gracieuse. La femme pourra seulement modifier si elle le veut les termes de sa requête et la présenter à nouveau au tribunal. Pour éclairer sa religion, le tribunal pourra s'entourer de tous les renseignements qu'il juge utiles, la loi lui donne à cet égard les pouvoirs les plus larges.

La décision gracieuse du tribunal qui autorise une femme a-t-elle l'autorité de la chose jugée et de quelles voies de recours est-elle susceptible? La réponse à cette question est difficile à donner, on conçoit aisément pourquoi. La femme peut se faire autoriser par justice soit au refus du mari, soit lorsque son mari est absent ou incapable. La plupart des auteurs ne tenant compte que d'une chose, le fait de l'intervention de la justice, répondent d'une façon générale : Le jugement d'autorisation de femme mariée a l'autorité de la chose jugée, il est susceptible d'appel ('). Certes, cela est vrai, cela est évident lorsque l'on procède au refus du mari. La femme a demandé l'autorisation au mari, celui-ci l'a refusée, il y a désaccord entre les deux parties, il y a litige, c'est ce litige que le tribunal tranchera. Il est donc naturel que sur ce point, contradictoirement réglé par le tribunal, il y ait chose jugée et que la partie aux conclusions de laquelle il n'a pas été fait droit puisse appeler du jugement. Mais, nous l'avons indiqué, nous sommes dans une situation toute différente; le mari ne pouvait autoriser, on s'est adressé au tribu-

(') Bioche, vᵒ *Femme mariée*, n. 171 à 174.

nal qui, gracieusement, sans débats contradictoires, sur simple requête, a accordé ou refusé l'autorisation demandée. Y a-t-il chose jugée? Y a-t-il lieu à appel? C'est ainsi que pour nous la question se pose.

Y a-t-il chose jugée? Non, semble-t-il, au point de vue logique. L'autorisation de justice remplace celle que le mari absent ou incapable ne peut donner; le tribunal supplée le mari, sa décision doit avoir une autorité analogue à la sienne. Que fait, somme toute, la justice? Elle examine les faits, puis permet à la femme de passer un acte. Cette permission, pas plus que celle du mari, ne sera irrévocable et ne garantira les tiers contre les nullités qui pourraient exister. La chose jugée dans ces conditions est impossible à concevoir. Si nous consultons la jurisprudence la plus récente, nous voyons qu'elle paraît décider qu'il n'y a pas ici de chose jugée. Nous disons paraît, car les décisions sont peu nombreuses en la matière. Cette pénurie d'arrêts s'explique d'ailleurs fort bien; l'autorisation est demandée par la femme; si on la lui accorde, elle ne l'attaquera guère; la question de chose jugée se posera donc rarement. Nous avons trouvé quatre arrêts sur la question. Les deux premiers ne la résolvent qu'implicitement. Ce sont un arrêt de la Cour de Paris du 1er mars 1877 et l'arrêt de la Chambre des requêtes du 1er avril 1878 qui le confirme ([1]). Ces deux arrêts décident que : « Le jugement qui,
» sur le refus du mari, après un débat contradictoire en
» chambre du conseil suivi de prononciation en audience
» publique, donne à une femme mariée l'autorisation de con-
» sentir à un pacte de famille lui accordant, au lieu de sa
» part en immeubles dans une succession, des sommes à
» payer par ses cohéritiers, ne constitue pas un acte de juri-

([1]) D., 78. 2. 130. — D., 79. 1. 120, S., 79. 1. 257.

» diction gracieuse ». Dans le Dalloz et dans le Sirey où elle est rapportée, cette double décision est opposée au cas où l'on est venu en justice par suite de l'absence ou de l'incapacité du mari, cas où il y aurait juridiction gracieuse et pas de chose jugée. Quand la femme se présente gracieusement devant le tribunal, il n'y a pas de contestation, pas de litige ; l'acte n'a que l'apparence d'un jugement ; or, c'est pour mettre fin aux procès que la loi a admis la présomption de vérité qu'elle attache aux jugements ; les parties sont en désaccord, la loi les départage par la décision du tribunal. Pour qu'il y ait chose jugée, il faut un jugement véritable. Ici, rien de tel. Le tribunal est chargé de veiller aux intérêts de la femme à défaut du mari ; la femme lui demande si l'acte qu'elle se propose de faire n'est pas contraire à son intérêt bien entendu et le tribunal donne un avis comme le ferait un curateur ; il donne une assistance qui habilite la femme, mais qui ne donne pas à l'acte le caractère d'un jugement. Pas de jugement, pas de chose jugée.

Ce qui s'induit *a contrario* des arrêts de 1877 et 1878 est formellement exprimé dans un arrêt de la Cour de Lyon du 19 mai 1883 et dans un jugement du Tribunal d'Angoulême du 6 avril 1886 (¹). Le jugement d'Angoulême vise le cas d'un jugement d'autorisation rendu par un tribunal incompétent. « Attendu, dit-il, que le jugement du 22 mai 1878 n'était pas » susceptible d'acquérir l'autorité de la chose jugée ». Et il permet de demander la nullité de l'autorisation donnée par le tribunal, ce qui serait impossible s'il y avait vraiment jugement. L'arrêt de Lyon est plus précis encore. Il s'applique à notre hypothèse, bien que Dalloz en le citant renvoie par erreur à l'art. 219 qui traite de l'autorisation contradictoire et contentieuse. Il s'agit d'une autorisation donnée sur re-

---

(¹) D., 85. 2. 187 ; Rousseau et Laisney, *Périodique*, 1888, p. 63.

quête, procédure impossible au cas de refus du mari. Dalloz
a rectifié l'erreur dans son *Supplément au répertoire,* v° *Mariage,* n. 511. L'arrêt décide que les jugements sur requête
autorisant une femme mariée à emprunter sur hypothèques
et à payer des dettes hypothécaires contrairement à son contrat de mariage constituent des actes de juridiction gracieuse
qui n'ont pas la force de la chose jugée et ne s'opposent pas
à ce que les tribunaux saisis de l'appréciation de l'acte passé
par la femme vérifient si ces jugements ont été légalement
rendus. Voici d'ailleurs l'espèce. Une dame Pascal avait
vendu à un sieur Rouchon un immeuble, en s'engageant à
faire emploi de son prix de vente conformément à son contrat
de mariage, à moins qu'il n'en fût autrement décidé par justice. Le contrat de mariage exigeait un remploi en immeubles que l'acquéreur était tenu de surveiller au cas de vente
et interdisait l'hypothèque des biens de la dame Pascal. Or,
en vertu de deux jugements sur requête rendus par le tribunal civil de Lyon sur la présentation de documents falsifiés,
la dame Pascal avait été autorisée à hypothéquer ses immeubles, puis à appliquer le prix de vente de ses immeubles au
paiement de ses dettes hypothécaires. D'où procès entre les
créanciers hypothécaires, le tiers acquéreur et la dame Pascal. La cour fort logiquement dit que tant les jugements que
les hypothèques consenties par la dame Pascal sont nuls et
de nul effet parce qu'ils sont en contradiction avec les termes de son contrat de mariage. « Considérant... que les déci-
» sions qui émanent de la juridiction gracieuse du tribunal
» n'ont pas l'autorité de la chose jugée et ne dispensent pas
» de vérifier si elles ont été légalement rendues ». Mais, d'un
autre côté la Cour ordonne, pour sauvegarder les créanciers
hypothécaires, l'exécution des engagements hypothécaires à
titre délictuel.

On peut enfin invoquer un dernier argument pour repousser l'autorité de la chose jugée en notre matière. La justice peut, si elle est saisie à nouveau, rétracter l'autorisation par elle donnée; le mari peut révoquer l'autorisation donnée gracieusement par la justice, aussi longtemps du moins que l'affaire à l'occasion de laquelle elle a été donnée n'est pas consommée (¹). Cela paraît contraire à tous les principes. Comment, le mari peut annuler un acte à l'autorité judiciaire! Oui, car la justice qui donne une autorisation gracieuse, ne fait que remplacer le mari. Le mari doit pouvoir révoquer cette autorisation pour empêcher la femme de faire un acte qui lui paraît contraire aux intérêts bien entendus de celle-ci. La grande majorité des auteurs et la jurisprudence pensent que la révocation est possible (²); on ne discute que sur un point; la forme dans laquelle elle doit intervenir. MM. Aubry et Rau enseignent que le mari dont l'absence ou l'incapacité ont cessé, peut révoquer l'autorisation par un simple acte extra-judiciaire, sauf à la femme à se pourvoir contre cette révocation dans les formes qu'elle aurait dû suivre si le mari lui avait refusé son autorisation, car la situation est la même. M. Demolombe soutient au contraire que le mari devra faire rétracter le jugement en suivant les formes prescrites par les art. 861 et s. C. pr. civ. Cette dernière procédure nous paraît étrange et nous préférons nous ranger à la solution de MM. Aubry et Rau. Mais si la révocation est possible lorsqu'on est en matière gracieuse parce qu'il n'y a pas chose jugée, elle est au contraire impossible de l'avis de tous lorsqu'il a été procédé contentieusement au refus du mari; l'expiration des délais d'opposition ou d'appel enlève au mari tout recours et c'est là l'utilité de l'intervention de justice.

(¹) Toullier, XII, n. 257; Demolombe, III, n. 322.
(²) Aubry et Rau, V, p. 158; Demolombe, III, n. 325.

A ce point de notre raisonnement on nous arrête et l'on nous dit : Vous distinguez, d'une part, le jugement rendu contradictoirement avec le mari et le jugement gracieux ; vous accordez à l'un d'une façon absolue l'autorité de la chose jugée que vous refusez à l'autre. Si l'autorisation donnée gracieusement est révocable, parce qu'elle n'a pas d'autorité de chose jugée, celle donnée contradictoirement ayant l'autorité de la chose jugée doit être immuable, définitive à l'égard du mari et de la femme une fois les délais d'appel expirés ; quelque nuisible qu'elle devienne pour la femme, la situation ne doit pas pouvoir être modifiée. Telle sera la déduction à laquelle vous aboutirez en donnant comme vous le faites aux mots leur sens strict et absolu. Cette proposition est absurde, et vous êtes pris dans ce dilemne : ou bien refuser l'autorité de la chose jugée aux jugements qui accordent une autorisation même au refus du mari, à des jugements véritables, ce qui est absurde et contraire à l'arrêt de cassation du 1er avril 1878 (¹) ; ou bien adopter une conception moins absolue de la chose jugée, et pourquoi refuser alors l'autorité de la chose jugée, aux jugements qui accordent une autorisation quand le mari est absent ou incapable? L'objection ne nous paraî tpas irréfutable. Nous avons admis d'une part que la décision gracieuse est révocable ; nous avons dit comment. Mais l'autorité absolue de la chose jugée attachée aux jugements contentieux d'autorisation ne peut nuire à la femme. Si des faits nouveaux se produisent depuis le jugement d'autorisation, le mari pourra saisir le tribunal, et l'on ne pourra lui opposer la chose jugée, car il n'y aura pas identité de cause. Dans le premier procès, le tribunal appréciant les faits allégués par le mari pour refuser l'autorisation les a écartés et a accordé

(¹) D., 79. 1. 120, S., 79. 1. 257.

l'autorisation. Dans le second procès, des faits nouveaux sont produits par le mari ; le juge se trouve en présence d'une question nouvelle, il ne se contredira pas s'il retire l'autorisation par lui donnée. Il trouve la cause de sa sentence dans les faits nouveaux articulés devant lui. La diversité des causes empêche la contrariété des jugements. L'autorité de la chose jugée n'a pas sa raison d'être, les faits allégués dans la seconde instance n'ont pas été soumis aux juges de la première. C'est d'ailleurs ce qui se produit couramment en matière de séparation de corps et de divorce où un époux débouté de sa demande en forme quelque temps après une nouvelle fondée sur des faits nouveaux.

Donc le jugement d'autorisation de femme mariée, rendu en matière gracieuse, n'acquerra jamais l'autorité de la chose jugée.

Cette première question en décide une autre. Pas de chose jugée, pas d'appel. Pas d'appel, parce que l'appel est une voie de recours ouverte contre les jugements et qu'ici il n'y a pas de jugement. Pas d'appel, parce que si l'appel était possible aucune action en nullité pour incompétence ou toute autre cause, ne serait recevable contre le jugement d'autorisation, solution qui est rejetée en doctrine et en jurisprudence (1).

Cependant cette solution est a peu près universellement contredite (2). Les auteurs admettent presque tous l'appel ; ils l'admettent sans distinguer s'il y a eu juridiction gracieuse ou juridiction contentieuse et certains d'entre eux poussent si loin la confusion, qu'ils ouvrent la voie de l'appel, non seu-

---

(1) Cf. arrêt de Lyon précité et Rousseau et Laisney, 88, p. 63.
(2) Colmet Daage, 1108 ; Bioche, v° *Femme mariée*, 172 à 174 ; Garsonnet, VI, 1287 ; Rousseau et Laisney, v° *Autorisation de femme*, n. 158 ; Fuzier-Herman, *Rép.*, v° *Appel*, 101 ; *Pandectes franç. eod.* v°, 124.

lement à la femme dont les conclusions ont été rejetées mais encore au mari, alors même qu'il n'a pris aucune part à la procédure, alors que le jugement lui est étranger. En présence de pareilles contradictions, de pareilles erreurs, nous sommes bien à l'aise et nous ne nous attarderons pas à discuter les opinions d'auteurs qui n'ont pas vu comment la question se posait.

Mais il est un grave argument que l'on invoquera sans doute. Vous avez rapproché, nous dira-t-on, au point de vue de leurs conséquences et de leur nature, l'autorisation donnée par le mari lui-même et celle que le tribunal donne à défaut du mari. La décision du mari n'est pas souveraine, définitive, le législateur a craint que le mari, par boutade, ne refusât arbitrairement à la femme l'autorisation qu'elle sollicite. Il a permis à la femme de saisir le tribunal au cas de refus du mari. Une fois la question devant les tribunaux, la femme pourra épuiser tous les degrés de juridiction. Lorsqu'il s'agira d'une autorisation obtenue gracieusement du tribunal, allez-vous dire que la décision de la justice n'est pas susceptible de recours? Que si par caprice ou pour toute autre raison, la femme se voit refuser une autorisation qu'elle est en droit d'obtenir, elle se trouvera sans défense? Oui, car le législateur a dû croire les juges sages, honnêtes, éclairés; que l'intervention de la justice offre, nous semble-t-il, à la femme une garantie suffisante, car les magistrats sont sous le contrôle du ministre de la justice et de la cour suprême; car enfin la femme pourra soumettre à nouveau sa requête au même tribunal composé d'une façon différente et que, si sa requête est rejetée une nouvelle fois, il y a de sérieuses chances pour que ce soit avec raison.

D'ailleurs si l'appel était possible, comment procèderait-on? On ne peut signifier d'acte d'appel à celui qui a gagné son procès, il n'y a pas une seconde partie en cause. Les auteurs décident alors, que l'on formera l'appel par une requête présentée à la cour. Qu'est-ce que cette procédure d'appel par requête, où donc est-elle organisée? Dans l'art. 858 du code de procédure civile, nous répond on. Mais cet article est spécial, il est écrit pour une matière tout à fait exceptionnelle : la rectification des actes de l'état civil. Il ne peut donc s'appliquer aux autorisations de femme mariée; nous ne concevons pas comment on tente de le généraliser. Cette forme de procéder étant impraticable, faute de texte pour l'ordonner, il faut conclure que l'appel est impossible non seulement en logique mais en pratique faute de mode pour l'intenter.

Cependant, chose bizarre, si nous ouvrons les recueils de jurisprudence, nulle part nous ne trouvons d'arrêt sur la question. Jamais, croyons-nous, malgré toutes les raisons que nous avons données, jamais, devant un tribunal, on n'a discuté la question de la recevabilité de l'appel. La jurisprudence ne discute pas, elle admet toujours l'appel. A quels résultats arrive-t-elle, voyons-le en indiquant un des derniers arrêts rendus par elle en la matière. C'est un arrêt de la cour de Bordeaux, du 17 février 1897 (¹) : Une dame Dupart, dont le mari était à Montevideo, sollicitait l'autorisation de justice pour former contre sa belle-mère une demande en pension alimentaire. Prétextant l'urgence, elle s'adressa directement par requête au tribunal sans sommer ni citer son mari. A la date du 22 juillet 1896, le tribunal civil rendit un jugement refusant d'autoriser la dame Dupart, parce qu'elle n'avait pas suivi les formes des art. 861 et suivants, alors que son mari était non pas absent, mais simplement non-présent. Décision fondée en droit, croyons-nous, et qui laissait intacts les droits de la femme. Celle-ci pouvait, en effet, se pourvoir dans les formes des art. 861 et suivants du C. pr. civ. De cette décision, la dame Dupart fit appel. La cour accorda l'autorisation sollicitée, sans que l'on eût posé la question de la recevabilité de l'appel, en se basant sur une interprétation extensive de l'art. 222 du C. civ. et sur cette considération de fait que le refus du mari pouvait être considéré comme certain; que le citer devant le tribunal entraînerait simplement des frais frustratoires. L'arrêt est donc motivé sur une erreur de droit et sur une considération de fait qui n'en est pas une, puisque si l'argument de fait avait eu quelque valeur, il eût dû y avoir chose jugée à l'égard du mari. Or, il n'en était rien, et la meilleure preuve, c'est que le mari révoqua purement et simplement l'autorisation donnée par la cour. La femme dut alors se pourvoir au contentieux dans les termes mêmes où le tribunal l'avait décidé. L'appel avait donc, dans l'espèce, été absolument inutile. Il en est de même dans tous les cas.

L'opposition et la tierce opposition sont aussi pour nous impraticables. L'opposition est réservée aux défaillants. Ici la femme se présente seule; il n'y a personne d'assigné, il ne peut y avoir de défaillants.

Quant à la tierce opposition, elle est ouverte aux parties qui auraient dû être appelées; elle doit donc être fermée aux parties que la loi n'a, comme dans l'espèce, ni prescrit, ni permis de mettre en cause.

Nous n'avons plus qu'à nous occuper du pourvoi en cassation. Nous avons déjà examiné la question de sa recevabilité à un point de vue général, en parlant des homologations d'avis de parents. Mais la jurisprudence nous présente ici une hypothèse très délicate qu'il faut examiner pour voir s'il n'y aurait pas lieu à cassation.

Une femme séparée de biens dont le mari était absent ou

incapable, voulant aliéner un titre de rente, s'adressa au tribunal de la Seine. Celui-ci déclare (Seine, 9 juillet 1872, S., 72. 2. 208) que la demande de la femme doit être rejetée comme inutile, parce que la femme séparée de biens n'a pas besoin d'autorisation pour aliéner ses biens meubles et par conséquent un titre de rente. Quelle est la situation de la femme. Elle ne peut s'adresser qu'à un agent de change pour vendre le titre. Mais celui-ci refusera, car il est de jurisprudence constante (Cass., 20 déc. 1862, S., 63. 1. 257) que la femme séparée de biens ne peut aliéner son mobilier sans l'autorisation de son mari ou de justice, excepté pour les besoins de son administration, ce qui n'était pas le cas. Que peut la femme? Faire appel? Nous lui avons refusé ce droit. Demander la nullité? Mais de quoi? D'un acte qu'elle ne peut faire? Se pourvoir en cassation? Cette voie de recours n'est ouverte qu'au ministre de la justice représenté par le procureur général près la cour de cassation. La femme est-elle donc sans défense. Est-elle à la merci du caprice d'un tribunal? S'il s'agissait d'un acte quelconque, vente d'immeubles, etc., etc., la femme ayant le choix entre plusieurs acquéreurs, en trouverait certainement un qui traiterait avec elle au vu du jugement du tribunal, car ce jugement lui donne autant de sécurité qu'un jugement d'autorisation; mais ici la femme est obligée de s'adresser à un agent de change, à un officier ministériel qui lui refusera son concours. C'est dans la qualité d'officier ministériel que nous trouverons la solution de la question. Un officier ministériel a seul le droit de faire certains actes; s'il refuse de les faire, alors qu'il le devrait, l'on peut l'y contraindre; c'est ce que fera la femme : elle assignera l'agent de change au contentieux devant le tribunal pour refus d'accomplir un acte de sa fonction. Le tribunal statuera et l'agent de change pourra vendre en toute sécurité couvert qu'il sera par l'autorité de la chose jugée, forcé qu'il y sera par le tribunal.

Nous voyons que les intérêts de la femme sont protégés par les actions en nullité qui lui compètent, le pourvoi en cassation et les actions au contentieux. Que ceux du mari sont sauvegardés par le droit de révocation qui lui appartient. Les droits des tiers ne seront-ils pas alors sacrifiés? Non, car tout d'abord la révocation émanée du mari ou la rétractation émanée de justice ne peuvent nuire aux tiers. Les tiers sont ceux qui ont traité avec la femme autorisée, ils ont traité avec la femme alors qu'elle était pleinement capable, les actes passés par elle doivent être maintenus. La révocation n'a lieu que pour l'avenir, elle rend la femme incapable pour plus tard. Si la femme a trompé les tiers, soit en leur produisant un acte falsifié, soit en leur montrant un jugement obtenu du tribunal à l'aide de manœuvres dolosives, l'acte consenti par la femme sera nul, la femme était incapable, tous l'igno- raient, peu importe, l'acte est nul. Mais la femme pour trom- per les tiers, a commis un délit ou un quasi-délit d'où naîtra une action *ex delicto*. Le préjudice souffert par les tiers pro- vient de la non exécution de l'acte, le seul moyen de rendre les tiers indemnes est d'ordonner l'exécution de l'acte, la ré- paration sera alors exactement adequate au préjudice causé. C'est ce que fera le tribunal, il ordonnera l'exécution de l'acte *non ex contractu* mais *ex delicto* ([1]).

([1]) Lyon, 15 nov. 1883, D., 85. 2. 187.

CHAPITRE V

Nous venons de parler des actes que la femme mariée peut accomplir avec l'autorisation de justice. Nous allons nous occuper ici de certains actes pour lesquels l'autorisation de justice est indispensable et ne peut être suppléée par celle du mari. Nous consacrerons le présent chapitre à l'aliénation des immeubles dotaux, réservant pour une autre partie de notre étude la restriction de l'hypothèque légale de la femme mariée.

Nous abordons, on le voit, une matière toute d'exception. La femme mariée sous le régime dotal, indépendamment de l'incapacité générale dont elle est frappée en tant que femme mariée, est atteinte d'une incapacité particulière, l'incapacité dotale, en vertu de laquelle elle ne peut ni aliéner ni obliger sa dot inaliénable, sauf certaines exceptions édictées par la loi et qui sont celles que nous étudions (¹).

Notre définition de l'incapacité dotale laisse une grave question à résoudre. Nous venons de parler de dot inaliénable; que faut-il entendre sous ce titre? Il est certain tout d'abord que les immeubles dotaux sont inaliénables, l'art. 1554 du C. civ. le dit formellement : « Les immeubles constitués en » dot ne peuvent être aliénés pendant le mariage, ni par le » mari, ni par la femme, ni par les deux conjointement, sauf » les exceptions qui suivent ». Quant aux meubles dotaux, la

---

(¹) Baudry-Lacantinerie, III, n. 384.

question est très controversée. La jurisprudence décide d'une façon constante que la dot mobilière est en principe inaliénable, en ce sens que la femme ne peut aliéner la créance qu'elle a contre son mari à raison de ses biens dotaux; que les obligations contractées par elle pendant le mariage ne peuvent être exécutées que sur ses paraphernaux; que la dot ne peut être saisie, même après la séparation de biens; enfin, que le mari peut aliéner les meubles dotaux (¹). Nous ne pouvons discuter ici la question, elle nous entraînerait en dehors des limites que nous nous sommes tracées. Nous dirons simplement que nous repoussons la théorie de l'inaliénabilité de la dot mobilière. Nous préférons la déclarer aliénable que de permettre au mari seul, au mari qui n'en est pas propriétaire, d'aliéner les meubles dotaux. La seule objection sérieuse que l'on puisse nous opposer serait tirée de l'esprit de la loi, qui a, dit-on, voulu protéger la femme contre sa propre faiblesse. Mais elle l'a fait dans des temps et sous un régime économique tout différent. Si la maxime *Res mobilis res vilis* a vieilli, le régime dotal a vieilli lui-même et n'est plus, croyons-nous, en rapport avec les besoins de l'heure présente. Ce n'est pas à nous, c'est au législateur, au législateur seul de corriger les imperfections de la loi. Le législateur de 1804 n'a pensé qu'aux immeubles dotaux, à la seule richesse qui existât alors; nous ne nous occuperons que d'eux seuls; et cela d'autant plus volontiers que les textes que nous allons étudier parlent tous nommément de l'immeuble dotal et se présentent comme des exceptions au principe de l'inaliénabilité des immeubles dotaux formulé par l'art. 1554. Nous partirons donc de ce principe: seuls les immeubles dotaux sont inaliénables en ajoutant pour ceux qui sont d'un avis contraire qu'ils pour-

(¹) Bertin, II, n. 1053; Baudry-Lacantinerie, III, n. 420.

ront généraliser les solutions par nous fournies et les appliquer, s'ils le veulent, à la dot mobilière qu'ils croient inaliénable.

A la règle de l'inaliénabilité des immeubles dotaux, les
art. 1555, 1556, 1557, 1558 et 1559 C. civ. viennent faire
exception. Mais, toutes ces exceptions ne constituent pas des
actes de juridiction gracieuse; aussi devons-nous préciser et
éliminer.

« La femme peut », nous dit l'art. 1555, « avec l'autorisation
» de son mari, ou, à son refus, avec permission de justice
» donner ses biens dotaux pour l'établissement d'enfants
» qu'elle aurait d'un mariage antérieur; mais si elle n'est au-
» torisée que par justice, elle doit réserver la jouissance au
» mari ». Cette première exception ne rentre certainement
pas dans notre plan d'étude; car, ou bien le mari autorise la
libéralité et les tribunaux n'ont pas à intervenir, ou bien il
refuse son consentement et il est procédé contradictoirement
avec lui. Dans ce cas, soit qu'il fasse défaut soit qu'il se présente, on est en matière contentieuse. Il en est de même pour
l'art. 1556 qui parle de l'établissement d'enfants communs
avec des deniers dotaux; mais à la différence de l'article précédent, un tel établissement ne pourrait avoir lieu si le mari
s'y refuse. Aucun de ces deux articles ne s'oppose d'ailleurs
à ce que la justice autorise la femme à donner ses biens dotaux pour l'établissement d'enfants d'un premier lit, ou d'enfants communs, en cas d'absence ou d'interdiction du mari
(arg. art. 222 et 1427); mais alors nous revenons au droit
commun et ce sont les règles posées au chapitre précédent
que nous devrons appliquer.

L'immeuble dotal peut encore être aliéné lorsque l'aliénation en a été permise par le contrat de mariage. L'on devra
alors se référer aux termes mêmes du contrat qui, en vertu

du grand principe de la liberté des conventions matrimoniales, peut présenter des modalités très nombreuses. Le contrat
sera la loi des parties. Mais, comme il contient une dérogation au droit commun, il devra, ce nous semble, être interprété restrictivement. Ainsi, par exemple, la faculté d'aliéner
réservée dans le contrat n'entraînerait pas forcément celle
d'hypothéquer, il y aurait lieu de considérer l'esprit dans
lequel le contrat a été rédigé (¹). La question cependant fait
encore difficulté. Si le contrat porte que les époux pourront
aliéner le bien dotal, ils n'ont besoin d'aucune autorisation
de justice pour l'exercice de ce droit. Si les époux ont subordonné l'aliénation à une clause de remploi, faute de remploi
l'aliénation sera nulle ; mais c'est à tort, croyons-nous, que
l'on a parfois fait intervenir la justice pour apprécier la validité du remploi. La femme peut dans son contrat de mariage
faire toutes les réserves qu'elle veut; se réserver le droit
d'aliéner son immeuble dotal, de l'hypothéquer, de l'aliéner
sous certaines conditions, dans certains cas; jamais la chambre du conseil ne doit intervenir; il n'appartient pas aux particuliers d'étendre ou de restreindre les pouvoirs que la loi a
donnés aux magistrats. Et c'est avec raison que le tribunal
de la Seine a débouté de sa demande le 30 mars 1853, le demandeur dans une espèce où le contrat de mariage portait
que les biens dotaux pourraient être aliénés sur l'avis dûment
homologué du conseil de famille (²). On ne saurait transfor-
mer ainsi les tribunaux en véritables bureaux consultants.
Les parties cherchent le plus souvent à obtenir ainsi une consultation judiciaire moins coûteuse et plus expéditive qu'un
jugement du tribunal; ils n'obtiennent, en somme, rien du

(¹) Marcadé, sur l'art. 1556, n. 4; Troplong, *Contrat de mariage*, IV, n. 3364;
Massé et Vergé sur Zachariæ, p. 240, note 38.
(²) Berlin, II, p. 174.

tout, car la décision du tribunal n'enlève pas à l'acte son caractère contractuel et la femme n'en pourra pas moins agir
en nullité. On objecte en vain, les art. 1558 et 1559, en argumentant d'analogie. Les art. 1558 et 1559 posent le principe
de l'incapacité dotale, les deux époux ne peuvent, même s'ils
sont d'accord, aliéner l'immeuble dotal, une décision de justice est nécessaire pour les relever de cette incapacité et permettre l'aliénation. L'inaliénabilité est destinée à protéger la
femme, elle ne devait pas devenir l'instrument de son
malheur et de celui des siens. Aussi la loi a-t-elle permis
l'aliénation de l'immeuble dotal ; mais on comprend qu'elle
devait remettre l'appréciation des circonstances à un juge
éclairé, froid, désintéressé, à l'abri de l'influence familiale,
aux caprices de laquelle on ne pouvait laisser le soin de décider d'une mesure aussi grave. Ici la situation est toute différente, le droit d'aliéner résulte du contrat de mariage,
celui-ci devra en régler l'exercice, et il ne peut imposer aux
tribunaux l'obligation d'en surveiller l'étendue alors que lui-
même a pu et a dû le régler ([1]). En un mot, dans tous ces
cas prévus par les art. 1555, 1556 et 1557, la femme est rele-
vée par la loi ou la convention (sauf certaines modalités) de
l'incapacité dotale, elle redevient l'incapable du droit commun et il faut lui appliquer toutes les règles que nous avons
posées au chapitre précédent.

Restent les art. 1558 et 1559 ; eux seuls prévoient des cas
de juridiction gracieuse. Il faut en effet que la femme consente à l'aliénation, qu'elle la demande, car elle est nue propriétaire des biens dotaux ; elle aliène, elle doit donc consentir. Il faut en outre que le mari consente, car il est usufruitier
des biens dotaux, et l'on ne peut aliéner les biens dotaux en

[1] *Contra* Toullier, XIV, n. 189. — Paris, 28 juin 1827.

toute propriété sans qu'il le permette. Mais ce double consen
tement ne suffit pas, la femme doit encore, comme pour la
restriction de son hypothèque légale, obtenir l'autorisation de
justice, autorisation que rien ne peut suppléer et sans laquelle
la femme ne peut rien faire. Consentement des parties, nécessité de s'adresser à justice, ce sont bien là les deux grands
caractères de la juridiction gracieuse.

Reprenons maintenant les art. 1558 et 1559 du code civil
et voyons à quelles conditions, outre les deux que nous
venons de poser, l'immeuble dotal est aliénable. Disons tout
d'abord que dans tous les cas où l'art. 1558 autorise l'aliénation de l'immeuble dotal, la femme peut être autorisée par le
juge à l'hypothéquer. (Il y a sur ce point une jurisprudence
à peu près constante) (¹). Cela résulte par argument de l'art. 7
du code de commerce qui parle de l'hypothèque du fond
dotal dans les cas où elle est autorisée par le code civil; or
le code civil ne détermine expressément aucun cas dans lequel
le fonds dotal puisse être hypothéqué. Pour donner un sens
à l'art. 7 du code de commerce, il faut donc admettre que
dans les cas où le code civil autorise exceptionnellement l'aliénation de l'immeuble dotal, il autorise implicitement l'hypothèque de ce même fonds (²). Nous ne contredisons pas ainsi
ce que nous avons dit plus haut pour le cas d'aliénabilité stipulée par contrat; les situations sont, en effet, différentes.
L'intervention de justice doit écarter toute crainte; il n'y a

(¹) Rouen, 17 janv. et 22 déc. 1837, S., 38. 2. 102. — Id., 11 janv. 14 et 20 fév.
1838, S., 38. 2. 102. — Bordeaux, 1er août 1834, S., 34. 2. 685. — Rouen, 10 mars
1838, S., 38. 2. 450. — Cass. rej., 1er déc. 1840, S., 40. 1. 943. — Lyon, 4 juin 1841,
S., 41. 2. 612. — Cass. rej., 24 août 1842, S., 42. 1. 842. — Caen, 7 mars 1845, S.,
5. 2. 565. — Cass., 7 juil. 1857, S., 57. 1. 734. — Cass., 27 nov. 1883, S., 84. 1. 161.
— Cass., 13 mai 1889, S., 89. 1. 429. — Limoges, 21 mars 1888, S., 89. 2. 166. —
Cass., 20 oct. 1891, S., 91. 1. 62.

(²) Baudry-Lacantinerie, III, n. 392; Huc, IX, n. 470-4º.

qu'un motif de douter, c'est l'esprit restrictif du régime dotal. Mais il ne faut pas outrer ce principe d'interprétation en
multipliant les entraves, alors que la loi permet de s'en
affranchir. Le texte n'est pas aussi restrictif qu'on le dit;
le mot aliénation comprend tous les démembrements de la
propriété, à moins qu'il n'y ait une raison pour s'en tenir à
la lettre de la convention, comme nous l'avons fait dans l'hypothèse de l'art. 1557; il y a une nuance entre les deux hypothèses. L'hypothèque pourrait avoir pour la femme des dangers que celle-ci n'apercevrait pas; peut-on supposer que la
justice soit aussi imprévoyante que la femme? Il y a des cas
où un emprunt contracté à de bonnes conditions peut offrir
aux époux beaucoup plus d'avantages qu'une vente; serait-il
raisonnable de faire tourner au détriment de la dot un principe établi pour sa conservation, en concluant ainsi du seul
silence de la loi?(¹) A l'objection tirée par M. Colmet de Santerre
de la différence entre la vente sur saisie et une vente faite en
justice volontairement, en temps reconnu propice par le tribunal, on peut répondre : Qui peut le plus peut le moins;
l'aliénation est le mode le plus étendu par lequel un propriétaire puisse disposer de sa chose, puisque l'aliénation détruit
le droit de propriété, tandis que l'hypothèque l'amoindrit,
l'entrave, mais en laisse subsister certains attributs. Jamais
le tribunal ne pourra choisir le moment de la vente, puisqu'il
s'agit de causes nécessaires d'aliénation. Il faut tirer le mari
de prison; la maison dotale menace ruine; la famille crie
misère; ce qui se produit le plus souvent à une époque de

(¹) Aubry et Rau, V, p. 592, et note 128; Duranton, XV, n. 507; Marcardé, sur
l'art. 1458 in fine; Massé et Vergé sur Zachariæ, IV, p. 248 note 59; Mourlon, III,
n. 392-4°; Troplong, IV, n. 3446; Dalloz, *J. G.*, v° *Contrat de mariage*, 3700;
Tessier, *De la dot*, I, p. 438. — *Contra*, Taulier, V, n. 323; Colmet de Santerre,
VI, n. 230 *bis*, 13. — Rome, 30 août 1836, et 12 janvier 1838.

crise où les immeubles sont à vil prix, où une vente serait désastreuse, tandis qu'un emprunt permettra le plus souvent au tribunal d'attendre un moment plus favorable pour vendre (¹). Emprunter, mais c'est le seul moyen de conserver un immeuble dotal qui menace ruine.

L'autorisation d'hypothéquer et d'emprunter doit être expressément donnée par justice (Aix, 15 janvier 1841). Nous ne croyons pas, comme l'a décidé un arrêt de cassation du 30 décembre 1850 (S., 51. 1. 29), que l'autorisation d'aliéner emporte celle d'hypothéquer; nous ne croyons pas non plus que la justice puisse, comme paraissent l'indiquer MM. Baudry-Lacantinerie et Guillouard, substituer sa volonté à celle de la femme, et autoriser l'hypothèque au lieu de l'aliénation. Pour que la justice puisse autoriser l'hypothèque, il faut que la femme le lui ait demandé.

Faut-il que la femme apporte le consentement de son mari à l'aliénation de l'immeuble dotal et aux conditions dans lesquelles l'immeuble doit être aliéné? Oui, car sans ce consentement la femme ne pourrait aliéner que la nue propriété; cette nue propriété appartient à la femme, le mari n'y a aucun droit, la femme peut donc l'aliéner seule. Mais de même que l'art. 1555 permet à la femme au refus du mari, avec le consentement de justice, d'aliéner pour établir ses enfants issus d'un mariage antérieur la nue propriété seulement de ses immeubles dotaux, de même, ici c'est cette nue propriété seule que la femme pourra aliéner sans le consentement du mari (²). Jamais d'ailleurs, comme le dit fort bien M. Colmet

(¹) Laurent. XXIII, n. 532; Rodière et Pont, III, n. 1806; Guillouard, *Contrat de mariage*, IV, n. 2009; Bertin, II, n. 1106.

(²) Baudry-Lacantinerie, III, n. 392-1°; Guillouard, IV, n. 2007; Laurent, XXIII, n. 524; Rodière et Pont, III, n. 1797; Marcardé sur l'art. 1558, *in fine*; Mourlon, III, n. 391; Huc, IX, 470-3°.

de Santerre (VI, n. **230** *bis* 1), le mari ne pourra « être absolu-
» ment étranger à l'opération ; il faudrait d'abord qu'il donnât
» l'autorisation maritale ; sans quoi l'autorisation de justice
» serait nécessaire tout d'abord pour habiliter la femme en
» vertu des règles sur l'incapacité des femmes mariées ».
Deux situations peuvent donc se présenter. Ou bien le mari et
la femme se présentent en justice pour obtenir l'autorisation
d'aliéner le bien dotal et s'ils l'obtiennent ils pourront aliéner la pleine propriété de l'immeuble dotal. Ou bien la
femme se présente seule, elle doit alors être munie de l'autorisation de son mari ou de justice. Si en effet le mari n'a
pas à autoriser la vente du bien dotal, il a intérêt à connaître
de la demande, et d'ailleurs, la demande formée en vertu de
l'art. **1558**, constitue une demande judiciaire pour laquelle la
femme, aux termes du droit commun, a besoin d'une autorisation. (Tribunal civil de la Seine, 3 juin 1853) (¹). Mais dans
ce second cas, elle ne pourra aliéner que la nue propriété du
bien dotal, car le mari a la jouissance du bien dotal et cette
jouissance ne peut être aliénée malgré lui. Un seul auteur,
M. Toullier, VII, n. 198, est d'un avis diamétralement contraire ; un seul arrêt (Aix, 18 février 1813, S., 1813. 2. 274),
a consacré son opinion.

Il faut encore que l'autorisation soit préalable à l'acte
qu'elle autorise.

Il faut enfin que l'on se trouve dans l'un des cas indiqués
par la loi. Ces cas, quels sont-ils ? L'art. **1558** nous en
indique cinq : « Art. **1558**. — L'immeuble dotal peut encore
» être aliéné avec permission de justice aux enchères après
» trois affiches : — pour tirer de prison le mari ou la femme ;
» — pour fournir des aliments à la famille dans les cas prévus

---

(¹) Bertin, II, n. 1143.

» par les art. 203, 205 et 206 au titre du mariage ; — pour
» payer les dettes de la femme ou de ceux qui ont constitué la
» dot lorsque ces dettes ont une date certaine antérieure au
» contrat de mariage ; — pour faire de grosses réparations indis-
» pensables pour la conservation de l'immeuble dotal ; — enfin
» lorsque cet immeuble se trouve indivis avec des tiers et qu'il
» est reconnu impartageable. Dans tous ces cas, l'excédent du
» prix de vente au dessus des besoins reconnus restera dotal
» et il en sera fait emploi comme tel au profit de la femme ».

Reprenons successivement ces cas en entrant dans certains
détails.

1° *Incarcération du mari ou de la femme.* — La loi du 22 juillet 1867, portant suppression de la contrainte par corps en
matière civile et commerciale, a enlevé à ce premier cas une
grande partie de son importance. L'art. 1558 ne s'applique
en effet qu'à l'emprisonnement pour dettes, soit envers le
trésor public, soit envers des particuliers. Les tribunaux ne
pourraient autoriser l'aliénation d'une partie des biens dotaux
pour arriver à solder les dettes du mari, afin de le faire échapper aux peines prononcées par le code pénal, alors qu'il est
l'objet de poursuites criminelles. (Notaire, abus de confiance,
Caen, 28 mars 1881, D. *Suppl.*, v° *Contrat de mariage,* n.
1304 et note). Mais il ne faudrait pas dire, croyons-nous, que
l'aliénation ne pourrait avoir lieu pour payer des dettes
résultant d'un délit. L'art. 1558 est général ; il ne distingue
pas, il n'y a pas lieu de distinguer (¹). Que la dette soit pénale
ou civile le ménage n'en souffre pas moins de l'absence de
l'un de ses membres. Les tribunaux sont d'ailleurs juges de
la convenance et de l'utilité de la mise en liberté de l'époux

(¹) Massé et Vergé, sur Zachariæ, IV, p. 246, note 50 ; Marcadé, sur l'art. 1558 ;
Duranton, XV, n. 508 ; Tessier, *De la dot,* I, p. 418 ; Rodière et Pont, III, n. 1796 ;
Troplong, IV, n. 3442.

incarcéré. Ils pourront et devront refuser l'autorisation d'aliéner, si elle n'a pour but que d'obtenir la mise en liberté provisoire de l'époux prévenu d'un délit. Les tribunaux pourront
par contre autoriser l'aliénation, alors même que la cession de
biens serait possible, car la cession de biens jette un certain
discrédit sur celui qui la fait ; ce n'est qu'un *ultimum subsi-
dium*, un moyen extrême auquel il faut parfois préférer
l'aliénation du fonds dotal. En un mot, les tribunaux, en tenant
compte des circonstances, doivent empêcher que la dot de la
femme ne se consume, dans des sacrifices inutiles pour un
membre parasite.

Pour que l'aliénation de la dot puisse être permise, la loi
exige une incarcération véritable, sérieuse (¹). Cela résulte du
texte même de l'art. 1558 qui parle de « tirer un des époux
» de prison ». On objecte que la situation est la même lorsque
la perte de la liberté est imminente (²). Nous ne le croyons
pas. Bien que sous le coup d'une incarcération éventuelle,
l'un des époux peut être encore utile à la famille, travailler
pour elle, lui assurer son pain de chaque jour ; ce n'est que
du moment où il se trouve sous les verrous qu'il ne peut plus
rien faire pour lui venir en aide. En appliquant ainsi strictement l'art. 1558, on évite des difficultés pratiques nombreuses, des questions d'appréciation souvent fort délicates. Nous
exigerons donc toujours qu'il y ait eu incarcération en fait.
Nous dirons que l'autorisation ne doit pas être accordée au
débiteur failli qui, d'abord incarcéré, a été mis en liberté en
vertu d'un sauf-conduit : le sauf-conduit l'ayant tiré de pri-

---

(¹) Bertin, II, n. 1101 ; Marcadé, VI, sur l'art. 1558 ; Troplong, n. 3441 ; Aubry
et Rau, V, p. 588, note 114 ; Tessier, I, 419 et 620 ; Merlin, *Rép.*, vᵒ *Dot*, VIII,
n. 4 ; Duranton, XV, n. 509 ; Toullier, XIV, n. 199. — Rouen, 16 janv. 1838, S.,
38. 2. 104. — Cass., 25 avril 1842, S., 42. 1. 541 et 30 déc. 1850, S., 51. 1. 29.

(²) Rodière et Pont, III, n. 1796 ; Darrouy, *Thèse*, p. 128 ; Huc, IX, n. 471.

son, l'aliénation du fonds dotal cesse d'être nécessaire (¹).
Nous dirons même, contrairement à ce qu'a jugé la cour de
Lyon le 30 mars 1833 (²) que, si le créancier a consenti à la
libération du mari, sur la promesse de la femme d'aliéner le
fonds dotal pour éteindre une des causes de l'incarcération,
le créancier ne peut poursuivre l'exécution de la promesse de
la femme, celle-ci étant nulle : l'aliénation n'ayant pas été
autorisée par justice et le mari n'étant plus en prison.

Tout ce que dit l'art. 1558 étant de droit étroit, il faut décider que la femme ne pourra aliéner ses immeubles dotaux
dans l'intérêt du mari que si celui-ci a peu ou point de biens
ou si ses biens sont difficiles à réaliser (³). Il va sans dire que
si l'argent de la femme sert à payer les dettes du mari, elle
devient créancière de son mari qui doit indemniser la femme
de ce dont elle l'a libéré (⁴).

Enfin l'art. 1558 ne serait pas applicable s'il s'agissait de
tirer de prison les enfants issus du mariage (⁵).

2. *Aliments.* — L'immeuble dotal peut, en second lieu,
être aliéné pour fournir des aliments à la famille dans les cas
prévus par les art. 203, 205 et 206 du titre du mariage. C'est
fort rationnel : les biens n'ont d'utilité que pour servir aux
nécessités de la vie ; si les époux n'ont pas d'autre ressource,
les biens dotaux doivent être vendus. La loi ne parle pas des
aliments des époux, ils font cependant partie de la famille et
la dot peut être aliénée pour leur fournir des aliments. Si
l'art. 1558 ne cite par l'article concernant les époux, c'est
qu'il n'y a pas de texte formel, de disposition spéciale sur
l'obligation alimentaire des époux entre eux, on l'induit seu-

---

(¹) Cour de Caen, 3 janv. 1853, S., 53. 2. 575.
(²) S., 33. 2. 587.
(³) Bertin, II, n. 1103. — Cour de Paris, 23 mars 1855.
(⁴) Marcadé, sur l'art. 1558 ; Troplong, n. 3447.
(⁵) Bertin, *loc. cit.;* Toullier, VII, n. 203.

lement des art. 212 et 214 qui créent entre les époux les de-
voirs de secours et d'assistance (¹). Il s'agit ici, en effet,
d'obligations qui, nées du mariage, sont communes aux deux
époux et dont l'acquittement rentre dans la destination de la
dot. Mais il ne faudrait pas, croyons-nous, étendre la solution
à la dette alimentaire envers les enfants d'un premier lit, qui
n'est pas formellement prévue par le texte de la loi (²).

Il faut comprendre sous la dénomination d'aliments tout
ce qui est nécessaire pour les besoins de la vie : nourriture,
logement, vêtements, remèdes, éducation. Il faut même y
comprendre (³) toutes les dépenses faites en vue de conserver
à la famille une situation qui lui est indispensable et qui
assure sa vie : par exemple, pour payer les dettes du mari
afin de lui conserver un office ministériel, qui constitue sa
seule ressource et celle de sa famille (Montpellier, 2 mars
1858, D., 58. 2. 207. — Rouen, 3 février 1886, D., 87. 2. 473).
L'autorisation peut être donnée pour solder tant les frais anté-
rieurs que ceux postérieurs à la demande d'autorisation ; mais
l'autorisation ne doit être accordée qu'avec la plus extrême
réserve, en tenant compte des circonstances, de la nécessité
qu'il peut y avoir, et seulement lorsque le mari est dans l'impossibilité de faire face aux charges qui lui incombent (Nîmes,
26 juillet 1853, D., 53. 2. 247). C'est en effet le mari qui est
tenu des charges du ménage sur ses biens personnels et sur
les revenus de la dot. Si la femme paie avec le capital de sa
dot elle acquiert une créance contre son mari ; c'était ce que
décidait l'art. 511 de la Coutume de Normandie et c'est ce

(¹) Laurent, XXIII, n. 527 ; Bertin, II, n. 1108 ; Troplong, n. 3448 ; Duranton,
XV, n. 510 ; Tessier, I, n. 418 ; Guillouard, IV, n. 2024 ; Mourlon, III, n. 380-3° ;
Rodière et Pont, III, n. 1798 ; Massé et Vergé sur Zachariæ, IV, p. 246, note 51 ;
Aubry et Rau, V, p. 589, note 118. — Rouen, 21 août 1820, S., 22. 2. 225.

(²) V. cep. *Contra* Rodière et Pont, III, n. 1798.

(³) Guillouard, IV, 2027.

que décide la majorité des auteurs. La femme a payé une dette du mari, logiquement elle doit avoir un recours contre lui. D'ailleurs les auteurs qui, comme Marcadé (¹), soutiennent la théorie contraire, sont obligés de faire des réserves pour le cas où le mari reviendrait plus tard à meilleure fortune.

3. *Dettes.* — L'immeuble dotal peut encore être aliéné pour payer les dettes de la femme ou de ceux qui ont constitué la dot, lorsque ces dettes ont une date certaine antérieure au contrat de mariage. Rien de plus juste en principe que cette exception, elle découle de la grande règle *non sunt bona nisi deducto ære alieno*; mais la question est délicate et il y a lieu de faire quelques précisions. La loi distingue entre les dettes de la femme et celles du constituant, distinguons avec elle.

Dettes de la femme. — Il faut que ces dettes aient une date certaine antérieure au contrat de mariage pour que la femme ne puisse pas, entre le contrat et le mariage, porter atteinte aux conditions stipulées dans le contrat de mariage (²). La certitude et l'antériorité devront être prouvées dans les formes des art. 1328 et 1410 du code civil. Il faut considérer comme dettes antérieures au contrat celles qui résultent du contrat lui-même, qui y sont constatées, et les dettes des successions ou autres biens échus à la femme pendant le mariage et compris dans sa constitution dotale (³). La loi veut éviter

---

(¹) Marcadé, sur l'art. 1558.

(²) Rodière et Pont, III, 1800 ; Troplong, IV, 3468 ; Aubry et Rau, V, p. 589, note 120 ; Laurent, XXIII, 527 ; Colmet de Santerre, III, 230 *bis;* Huc, IX, n. 473.

(³) Bertin, II, 1119 s. ; Guillouard, IV, 2033 et 34 ; Aubry et Rau, V, p. 591. — Riom, 7 déc. 1859, S., 61. 2. 129. — Cass., 20 août 1861, S., 62. 1. 17. — Caen, 13 avril 1866, D., 67. 2. 163 ; Toullier, XIV, n. 208 ; Duranton, XV, n. 514 ; Tessier, I, note 638 ; Marcadé, sur l'art. 1558, n. 3 ; Troplong, IV, n. 3468 ; Colmet de Santerre, VI, p. 487 ; Laurent, XXIII, 548 ; Jouitou, *Régime dotal,* I, n. 259 ; Montpellier, 13 nov. 1878, D., 79. 2. 217. — Caen, 9 juil. 1889, D., 90. 2. 137 et la note de M. de Loynes. — En sens contraire, Cubain, n. 395 et Bellot des Minières, *Contrat de mariage,* IV, p. 409.

la saisie des biens dotaux et les frais ruineux qu'elle entraîne, c'est pourquoi elle permet l'aliénation de ces biens avec l'autorisation de justice.

Pour que l'aliénation puisse être autorisée, il faut donc, croyons-nous, que les biens dotaux soient saisissables. La constitution de dot faite par la femme n'a pu modifier la situation des créanciers qui avaient des droits sur les biens dotaux ; ceux-ci, bien que constitués en dot, restent grevés des charges qui pesaient sur eux. Cela ne fait aucun doute si la constitution dotale est universelle, ou si les immeubles dotaux étaient grevés d'une hypothèque au profit des créanciers ; il n'y a de difficulté que pour le cas de constitution d'immeubles *in re singulari* ; il faut dire alors, croyons-nous, que ces créanciers qui n'ont reçu aucune sûreté spéciale sont obligés de discuter d'abord les paraphernaux [1]. Mais peu importe, de l'avis de tous les auteurs, les créanciers, hypothécaires ou non, peuvent saisir soit la nue-propriété, soit la pleine propriété de l'immeuble dotal ; il est donc naturel que pour éviter les frais, pour faire profiter la femme d'une hausse sur les immeubles, on lui permette (et non aux créanciers qui n'ont pas besoin de permission pour saisir) de l'aliéner. Ceci ne s'applique qu'à la dot constituée pour la femme.

Si la dot a été constituée par un tiers, les créanciers de la femme n'ont aucun droit sur l'immeuble constitué [2]. Les créanciers de la femme ne peuvent le saisir. Pour que l'on puisse saisir un bien, il faut d'abord qu'il appartienne à votre débiteur, il faut en outre qu'il soit saisissable. Or, ici le constituant, en faisant par la constitution de dot de l'immeuble un bien de la femme, l'a rendu en même temps inaliénable et l'aliénation ne devrait pas être autorisée.

[1] Duranton, XV, 514.
[2] *Contra* Duranton, XV, n. 513.

Dettes du constituant. — Une première question se pose ici, celle de savoir dans quelle mesure l'immeuble dotal peut être aliéné pour payer les dettes du tiers constituant. Il est certain que si l'immeuble donné en dot était grevé d'une hypothèque, ou faisait partie d'une universalité de biens grevés de dettes qui a été constituée en dot, les créanciers du constituant auraient un droit de saisie, la dot pourrait être aliénée malgré la femme. Il est naturel que la loi permette à la femme de se faire autoriser par justice à l'aliéner volontairement. On décide encore, d'une manière générale, que l'art. 1558 alinéa 4 que nous étudions, s'applique aux dettes grevant les biens recueillis par une femme dotale dans une succession faisant partie de sa constitution dotale quand même ces dettes seraient postérieures au contrat de mariage, si elles ont une date certaine antérieure à l'ouverture de la succession et que l'aliénation du fonds dotal devrait être permise pour les acquitter (¹). La femme aura seulement à prouver l'antériorité des dettes dans la forme que nous avons indiquée plus haut.

Mais si la dot a été constituée de bonne foi, *in re singulari,* les créanciers chirographaires perdent leur droit de saisie, car la constitution de dot ayant fait sortir le bien sans fraude du patrimoine de leur débiteur, l'action paulienne n'est pas recevable et les créanciers chirographaires subissent les fluctuations du patrimoine de leur débiteur. La justice peut-elle alors autoriser la femme à aliéner le bien dotal, ou bien doit-elle refuser l'autorisation parce que les créanciers ont perdu leur droit de saisie? Les auteurs sont divisés sur la question. Certains soutiennent que l'art. 1558 a été écrit principalement pour permettre à la femme de faire honneur à l'enga-

(¹) Huc, IX, n. 477; Guillouard, IV, n. 2037. — Limoges, 21 mars 1888, D., 89. 2. 112.

gement moral qu'elle a pris à l'égard du constituant et de ses
créanciers(¹). Nous pensons au contraire qu'il y a là des dettes
complètement étrangères à la femme et dont elle n'est civile-
ment tenue à aucun titre. C'est dépasser la loi, que de faire
fléchir le principe de l'inaliénabilité des biens dotaux en faveur
d'un créancier simplement chirographaire (²). La loi n'a fait
exception au principe de l'inaliénabilité que dans les cas de
nécessité et de nécessité juridique. Il n'y a ici pour la femme
qu'un simple devoir moral, on ne conçoit pas que les biens
dotaux soient aliénés pour un simple motif de délicatesse. Le
texte ne dit pas ce que l'on veut lui faire dire, il met les dettes
du donateur sur la même ligne que les dettes de la femme,
il suppose donc que pour toutes ces dettes la femme peut être
poursuivie sur ses biens dotaux; c'est pour éviter ces poursuites que la loi lui permet d'aliéner ses biens volontairement
et jusqu'à concurrence de « ses besoins reconnus » comme dit
l'art. 1558 *in fine;* or ici il n'y a pas de besoins reconnus.
L'art. 1558 vise le cas où la dette est devenue dette de la
femme, et l'on comprend ainsi pourquoi il met sur la même
ligne les dettes de la femme et celles du constituant.

4° *Réparations.* — L'art. 1558 alinéa 5 permet encore
d'aliéner l'immeuble dotal : « pour faire de grosses réparations
» indispensables à la conservation de l'immeuble dotal ».
C'est une conséquence du principe que les frais faits pour la
conservation de la chose doivent être supportés par la chose
elle-même. D'ailleurs, le mari n'est tenu que des obligations
de l'usufruitier à l'égard du bien dotal et il est naturel que
la femme nue propriétaire conserve la charge des grosses
réparations.

(¹) Marcadé, sur l'art. 1558, n. 3; Demante et Colmet de Santerre, III, n. 230 *bis.*
(²) Aubry et Rau, V, p. 589, note 119; Mourlon, III, n. 385; Rodière et Pont,
III, n. 1801; Guillouard, IV, n. 2031; Laurent, XXIII, n, 527; Bertin, II, n. 1124.
— V. *Contra* Huc, IX, n. 476,

Puisque les termes de l'art. 1558 ne sont que l'application d'un principe général, ils ne sont pas limitatifs. Il y a lieu, croyons-nous, d'assimiler aux grosses réparations toutes les dépenses indispensables à la conservation de la dot : frais de séparation de biens, et de son exécution, et de la demande en liquidation des reprises qui en est la conséquence (Cass , 7 mars 1845, S., 45. 1. 585. Nîmes, 1ᵉʳ mai 1861, S., 61. 2. 417). Il en serait de même pour les droits de mutation dus par la femme, qui pour obtenir le paiement de ses reprises a dû se rendre adjudicataire d'un immeuble dont l'expropriation forcée est poursuivie contre le mari (¹).

L'art. 1558 parle de grosses réparations, ce sont celles que définit l'art. 606 du C. civ. « celles des gros murs et des » voûtes ; le rétablissement des poutres et des couvertures » entières ; celles des digues et des murs de soutènement et » de clôture aussi en entier ». Peu importe que ces réparations soient devenues nécessaires par la faute du mari, la femme aura seulement alors un recours contre lui ; mais s'il est insolvable, le tribunal devra autoriser l'aliénation de l'immeuble, car le plus pressé c'est de préserver la dot de la ruine. L'art. 1558 exige que les réparations soient indispensables, il ne suffirait pas qu'elles eussent pour résultat de donner une plus-value à l'immeuble ; toute idée d'amélioration comporte dans une certaine mesure une idée de spéculation, un aléa ; or un aléa ne suffit pas pour autoriser l'aliénation du bien dotal (²). Pour se rendre compte de la nécessité des travaux et de leur importance relativement à la conservation de l'immeuble, on nommera un expert qui visitera

---

(¹) Nîmes, précité. — Guillouard, IV, n. 2039 ; Aubry et Rau, V, p. 591 ; Rodière et Pont, III, n. 1805 ; Troplong, IV, n. 3471.

(²) Berlin, II, n. 1126 ; Guillouard, IV, n. 2041 ; Marcadé, sur l'art. 1558-4° ; Rodière et Pont, III, n. 1804, note 4 ; Troplong, III, n. 3476.

l'immeuble et dressera un devis (¹). Quid des constructions
nouvelles? Il résulte de ce que nous venons de dire qu'elles
ne sont pas comprises sous la rubrique de l'art. 1558, il y a
en ce sens une doctrine et une jurisprudence constantes (²).
Il faudrait pourtant, croyons-nous, faire une exception lorsqu'il s'agit de constructions déjà faites et qui ont produit une
plus-value; les entrepreneurs ont alors le privilège du constructeur sur la plus-value produite, ils peuvent saisir l'immeuble jusqu'à concurrence tout au moins de cette plus-value,
puisque la saisie est possible, l'aliénation volontaire devrait
être autorisée. Il y a d'ailleurs plusieurs arrêts en ce sens
(Rouen, 15 avril 1842 et Rouen, 9 avril 1845, D., 53. 2. 48).
M. Troplong, y voit des décisions de fait qui sortent des termes
de l'art. 1558. Elles nous paraissent au contraire logiques (³)

Enfin, une dernière question se pose, l'autorisation doit-elle
précéder les travaux, doit-elle être préalable? M. Guillouard
soutient avec énergie l'affirmative. L'autorisation, dit-il, doit
être antérieure au commencement des travaux, sans quoi la
justice ne pourrait plus exercer son rôle de tutelle, car il
lui serait plus difficile de refuser le paiement de travaux déjà
faits, que de ne pas les autoriser *rebus adhuc integris* alors
qu'il n'y a rien encore de dépensé. Mais à peine le principe
posé, M. Guillouard est obligé d'y faire exception pour les travaux urgents, tels que toitures enlevées par l'orage, etc., etc.
L'opinion contraire nous semble donc préférable, et nous
dirons que l'antériorité de l'autorisation n'est pas indispensable, les tribunaux étant d'ailleurs libres de refuser leur
autorisation même après le commencement des travaux (⁴).

(¹) Toullier, VII, n. 213; Berlin, II, n. 1129.
(²) V. les auteurs cités aux notes précédentes. — V. aussi Laurent, XXIII,
n. 528; — *Pandectes françaises*, v° Dot, 10657; D. Rép., v° *Contrat de mariage*,
n. 3676.
(³) V. par analogie Huc, IX, n. 478 s.
(⁴) V. en ce sens Rouen, 15 avril 1842, précité. — Rouen, 12 mai 1842, S., 42. 2.

Il est aussi de jurisprudence constante (¹) que des tiers qui ont travaillé sur un immeuble dotal ont le privilège du constructeur pour la plus-value par eux produite et peuvent saisir l'immeuble dotal; la saisie étant possible, le tribunal doit pouvoir autoriser l'aliénation.

5° *Indivision*. — L'immeuble dotal peut encore être aliéné avec l'autorisation de justice lorsqu'il se trouve indivis avec des tiers et qu'il est reconnu impartageable (art. 1558 al. 6). Le texte de l'article exclut donc en premier lieu le cas où le partage est possible, et c'est avec raison. La loi a fait du partage un acte déclaratif, légalement il n'y a pas aliénation. Au contraire, lorsque l'immeuble est impartageable, il faut le liciter, l'immeuble va être converti en un prix, en une somme d'argent facilement périssable. L'aliénation est chose dangereuse, l'art. 1558 s'en inquiète et fait intervenir le tribunal pour constater si l'immeuble est vraiment impartageable et si la licitation doit être permise (²).

L'art. 1558 parle de l'immeuble « indivis avec des tiers », en quel sens faut-il prendre ces mots et faut-il comprendre le mari lui-même sous la dénomination de tiers? Oui, car le mari pas plus que les autres tiers n'est tenu de rester dans l'indivision et il y a intérêt pour la femme à substituer à la procédure contradictoire et coûteuse d'une action en partage la procédure rapide et économique de l'art. 1558. Des auteurs qui soutiennent la théorie contraire (³) aboutissent à ce résultat bizarre : ils autorisent le mari à former contre sa femme une demande contentieuse en partage et licitation; et ils

---

520. — Rouen, 17 mai 1844, S., 44. 2. 352. — Toulouse, 26 février 1855, S., 56. 2. 611.

(¹) D. *Rép. suppl.*, v° *Contrat de mariage*, n. 1333.

(²) Troplong, 1V, 3478; Marcadé, sur l'art. 1558-5°; Colmet de Santerre, art. 1558, n. 230 *bis*.

(³) Rodière et Pont, III, 1807.

défendent aux tribunaux d'accorder à la femme, par un acte
de juridiction gracieuse, la permission de faire procéder à
une licitation amiable. Ils se prévalent du texte, mais on peut
leur répondre qu'en tant que copropriétaire, le mari est un
tiers, et se trouve compris dans les termes de l'art. 1558 (¹). Il
faut donc qu'il s'agisse de la licitation d'un immeuble indivis
mais cela ne suffit pas pour que l'on puisse solliciter du tribunal une décision gracieuse.

Si un tiers forme contre la femme une demande en partage de l'immeuble indivis compris dans la constitution dotale,
sa demande est recevable; il est inutile de faire des frais pour
demander une autorisation de justice qui ne peut être refusée (²). Si même la femme formait une demande en partage
contre les tiers copropriétaires, l'art. 1558 ne serait pas encore
applicable, car s'il était écrit pour cette hypothèse, il ferait
double emploi avec l'art. 815 aux termes duquel nul n'est
tenu de rester dans l'indivision. Si la femme possède des biens
dotaux indivis avec des tiers, elle peut en demander le partage contre les tiers, tout comme ces tiers eussent pu le provoquer contre elle. Mais alors, le procès-verbal des experts
dressé aux termes de l'art. 824, doit indiquer si l'objet peut
être commodément partagé. Pourquoi revenir devant le tribunal du domicile des époux, alors surtout qu'aux termes
de l'art. 827, la vente doit avoir lieu en justice et que les
intérêts de la femme seront ainsi sauvegardés? On se confor-
mera aux art. 815 et suiv. du C. civ.; le mari et la femme
seront parties dans l'instance (art. 818) et le tribunal saisi de
l'action en partage sera libre d'apprécier si, à raison du

(¹) Aubry et Rau, V, p. 594, note 136 et texte; Guillouard, IV, 2049. — Rouen,
1ᵉʳ août 1853, S., 54. 2. 265. — Grenoble, 18 août 1854, S., 55. 2. 91.

(²) Mourlon, III, 389; Laurent, XXIII, n. 529; Guillouard, IV, 2043; Aubry et
Rau, V, p. 595, note 138.

caractère dotal de l'immeuble, la licitation peut être ordonnée (¹).

Pour nous, l'art. 1558 signifie simplement que même si toutes les parties sont d'accord, malgré cet accord la femme a besoin de l'autorisation de justice pour concourir à la licitation. L'article tout entier ne se réfère qu'à des aliénations amiables faites par la femme. C'est alors que l'inaliénabilité dotale sera surtout utile à la femme et que l'on devra la faire respecter. L'on évitera ainsi les licitations devant notaire, licitations sous le manteau de la cheminée, propres à couvrir toutes les fraudes, et qui offrent bien plus de dangers que le partage en nature puisqu'elles convertissent la dot en une somme d'argent que le mari pourrait aliéner. C'est dans les cas d'aliénation amiable, dans ces cas seulement, que l'autorisation de justice est nécessaire, le tribunal ne pourra l'accorder que si l'immeuble est impartageable, c'est-à-dire si l'immeuble ne peut être partagé commodément ou sans une dépréciation notable (argument des art. 827 C. civ. et 974 C. pr. civ.).

Dans toutes les hypothèses que prévoit l'art. 1558 et que nous venons d'indiquer, la vente des immeubles dotaux doit avoir lieu dans certaines formes que l'art. 1558 fixait : aux enchères, après apposition de trois affiches. La raison en est que l'aliénation a lieu pour satisfaire à des nécessités plus ou moins urgentes, et la loi a craint que, pressés par le besoin d'argent, les époux n'aliènent à des conditions désavantageuses.

La disposition de l'art. 1558 a été modifiée par l'art. 997 du code de procédure civile, modifié lui-même par la loi du 2 juin 1841 qui a assimilé la vente des immeubles dotaux à celle des

---

(¹) Toullier, VII, 214; Duranton, V, n. 503; Berlin, II, 1131. — *Contra* Massé et Vergé sur Zachariæ, IV, p. 248, note 57.

immeubles appartenant à des mineurs. Il faudra donc se conformer aux art. 955 et suiv. du code de procédure civile. Les
affiches ne doivent être apposées qu'une seule fois, les deux
autres appositions d'affiches ont été remplacées par une inser-
tion dans un journal. Si la nature et l'importance des biens
le nécessitent, le président du tribunal peut, en vertu de l'art.
961 du C. pr. civ., prescrire à ce sujet les mesures utiles (1).
S'il y a un excédent de prix, cet excédent restera dotal, et il
en sera fait emploi comme tel (art. 1558 *in fine*).

6° *Echange*. — Nous arrivons au dernier cas de juridiction
gracieuse en matière d'aliénation d'immeubles dotaux. Il est
prévu par l'art. 1559 « L'immeuble dotal peut être échangé,
» mais avec le consentement de la femme contre un autre
» immeuble de même valeur, pour les quatre cinquièmes au
» moins ; en justifiant de l'utilité de l'échange, en obtenant
» l'autorisation en justice, et d'après une estimation par
» experts nommés d'office, par le tribunal. Dans ce cas, l'im-
» meuble reçu en échange sera dotal ; l'excédent du prix, s'il
» y en a, le sera aussi, et il en sera fait emploi comme tel, au
» profit de la femme ».

On le voit, l'art. 1559 est conçu dans un ordre d'idées tout
différent de celui qui a présidé à la rédaction de l'art. 1558.
L'art. 1558 ne permettait que des aliénations nécessaires,
l'art. 1559 vient autoriser une aliénation qui jamais, de par sa
nature même, ne pourra être nécessaire. C'est que l'échange
est souvent un acte utile, il n'est jamais dangereux. Il remplace un immeuble par un autre immeuble qui comme lui
est dotal, et les conditions auxquelles la loi le subordonne,
l'empêchent de pouvoir jamais nuire à la femme.

L'article 1559 exige quatre conditions pour que l'échange
soit possible.

(1) Colmet Daage, n. 1073 ; Bertin, II, 1144 ; Baudry-Lacantinerie, III, n. 392.

Il faut d'abord que les deux époux y consentent. La femme, l'article le dit nommément ; quant au mari, la loi suppose que c'est par lui que l'échange est demandé. D'ailleurs, le mari est usufruitier, ce sont donc les deux époux qui font l'échange. Si la femme est mineure, bien qu'émancipée par le mariage, elle devra être autorisée par le conseil de famille (¹).

Il faut en second lieu que l'échange soit utile, il s'agit d'utilité et non pas de nécessité, car jamais un échange n'est en somme nécessaire. Il y a là une question de fait que les époux doivent justifier et que le tribunal est libre d'apprécier. L'utilité pourrait résulter par exemple de la plus grande proximité de l'immeuble qui en faciliterait l'administration.

Il faut encore que l'échange ait lieu contre un autre immeuble de valeur égale, au moins jusqu'à concurrence des quatre cinquièmes. L'immeuble dotal ne peut jamais être échangé contre des objets mobiliers (²), mais on pourrait au contraire l'échanger contre une servitude ou un immeuble par la détermination de la loi. La loi exige la proportionnalité de valeurs entre les immeubles échangés, pour que la soulte à fournir ne soit pas trop importante et que l'échange ne dégénère en une vente en dehors des cas où la loi l'autorise. La loi prévoit seulement le cas où l'immeuble reçu est de valeur inférieure ; si le contraire se produisait, l'échange serait, croyons-nous, possible, mais l'immeuble reçu ne deviendrait alors dotal que pour partie (³). Il faut enfin que

(¹) Art. 457 et 484 C. c. ; Rodière et Pont, III, 1813 ; Aubry et Rau, V, p. 596, note 146 ; Guillouard, IV, 2050 ; Marcadé, art. 1559 ; Laurent, XXIII, 536 ; Massé et Vergé sur Zachariæ, IV, p. 249, note 65.

(²) Rodière et Pont, III, 1815.

(³) Troplong, IV, 3508 ; Marcadé, sur l'art. 1559 ; Toullier, VII, 223 ; Laurent, XXIII, 537 ; Bertin, II, 1148 ; Massé et Vergé sur Zachariæ, IV, p. 249, note 64.

cette proportionnalité des valeurs ait été constatée par des experts. Cette commission d'experts est non pas facultative mais obligatoire (¹). Le rapport des experts porte sur l'utilité de l'échange et sur la valeur des immeubles. Les experts doivent être nommés d'office et non pas par les parties, il y a là une garantie d'impartialité. Le tribunal n'est pas lié par le rapport des experts.

L'autorisation de faire l'échange doit être spéciale, elle devra aussi, aux termes de l'art. 997 du code de procédure, être préalable.

Si les époux s'étaient réservé par contrat la faculté d'échanger leurs immeubles dotaux, l'art. 1559 ne serait pas applicable, l'échange serait possible dans les termes où le contrat l'autoriserait.

Le tribunal compétent pour connaître de ces diverses demandes est celui du domicile des époux. Il y avait en effet le choix entre le tribunal du domicile conjugal et celui de la situation des immeubles. Le tribunal du domicile est seul compétent. Ce tribunal est en effet plus à même que celui de la situation des biens de connaître le véritable état de la fortune des époux et d'apprécier par conséquent si l'aliénation demandée est véritablement indispensable (²). Pour l'échange, la solution se justifie d'autant mieux que par suite de la situation des immeubles dans des arrondissements différents, il serait souvent impossible d'appliquer la compétence réelle (³).

On a proposé de faire une exception à la compétence du tribunal du domicile pour les grosses réparations (⁴); nous la repoussons, car si le tribunal de la situation des immeubles

---

(¹) Rodière et Pont, III, 1817 ; Guillouard, IV, 2052.
(²) *Pand. franç.*, vᵒ *Mariage*, 10369 ; Bertin, II, 1142-1147 ; Aubry et Rau, V, p. 592 ; Huc, IX, n. 482.
(³) Guillouard, IV, 2052. — *Contra* Toullier, VII, 220.
(⁴) Taulier, V, 320 et 321.

est mieux à même d'apprécier l'urgence des réparations, celui du domicile peut mieux apprécier si les époux n'ont pas d'autres moyens d'y pourvoir que celui d'aliéner la dot. Il suffira d'ailleurs, pour vérifier l'utilité, de donner commission rogatoire au tribunal de la situation. Enfin si les époux étaient séparés de corps, et si la femme n'était pas domiciliée dans le même arrondissement que le mari, le tribunal compétent serait celui du domicile de la femme. C'est ce qu'a décidé la cour de Lyon le 4 juin 1841 (D., 41. 2. 255). Depuis la loi du 6 février 1893, la question ne peut même plus être discutée; car d'une part (art. 1), la loi donne à la femme un domicile distinct de celui de son mari et d'autre part les rapporteurs de la loi, M. Léon Renault au Sénat et M. Arnault à la Chambre des députés, ont expliqué que la loi nouvelle n'avait rien à voir avec l'inaliénabilité du fonds dotal, ce qui était logique, puisqu'un mari ne peut jamais autoriser lui-même sa femme à aliéner un immeuble dotal.

L'autorisation d'aliéner les biens dotaux est donnée sur requête, art. 997 du C. pr. civ. Cette requête doit être signée d'un avoué. Elle doit être présentée au nom du mari et de la femme, tout au moins lorsqu'il s'agit d'aliéner la pleine propriété des immeubles dotaux. MM. Rodière et Pont décident ([1]) que le mari pourrait présenter lui-même la requête à la condition de la signifier à la femme pour qu'elle pût s'opposer à l'aliénation. Cette opinion nous paraît inadmissible, c'est la femme qui est propriétaire, c'est elle qui doit demander l'aliénation. Mais présenter requête c'est ester en justice; la femme devra se munir, aux termes du droit commun, de l'autorisation maritale ou de celle de justice qui la supplée et c'est avec raison que le tribunal de la Seine a, le 3 juin 1853, déclaré

([1]) Rodière et Pont, III, 1830.

irrecevable dans sa demande une femme non autorisée ([1]).
« Attendu », dit le jugement « que la requête est présentée au
» nom de la femme seulement, qu'elle n'est point assistée de
» son mari, et qu'il n'apparaît point que ce dernier ait été mis
» en demeure de donner ou refuser son consentement, ni de
» fournir ses observations. Attendu qu'aux termes des art. 215
» et 218 du code civil la femme mariée, même séparée de
» corps et de biens, ne peut ester en justice sans l'autorisation
» de son mari et à défaut, de celle de justice... »

La requête est portée à la connaissance du Procureur de la République par une ordonnance de soit communiqué, mise au bas
de la requête ; et un juge est commis pour faire un rapport. Le
Procureur de la République donne ses conclusions par écrit au
bas de l'ordonnance ; il peut, en outre, conclure verbalement.
S'il s'agit de grosses réparations, les tribunaux peuvent, avant
dire droit, commettre un expert chargé de constater si les
réparations sont grosses et indispensables, etc. Le jugement
sera ensuite rendu en audience publique, l'art. 997 du C. pr.
civ. le dit formellement. Cette publicité n'est pas sans inconvénients, aussi une jurisprudence constante a-t-elle fait de
l'art. 997 du C. pr. civ. une interprétation quelque peu ju-
daïque et a-t-elle limité son application à la vente des immeubles dotaux, l'article ne parlant nommément que de la vente
(V. D., 76. 2. 136). La vente, une fois permise, a lieu dans les
formes prescrites par les art. 1558 du C. civ. et 977 du C. pr. civ.

Le tribunal à qui l'affaire est soumise homologue ou refuse
d'homologuer ; il ne peut autoriser la vente d'un immeuble
autre que celui que l'on propose, ni prescrire des conditions
autres que celles demandées par la femme et acceptées par
le tiers ([2]). L'autorisation de justice n'enlève pas à la vente

[1] Bertin, II, 1143 ; Chauveau sur Carré, quest. 2530 *bis*.
[2] Boitard et Colmet Daage, II, p. 654.

du bien dotal son caractère conventionnel. Le tribunal reconnaît seulement et vérifie si la mesure que l'on sollicite de lui rentre ou ne rentre pas dans les termes des art. 1558 et 1559. Son rôle est donc analogue à celui que nous lui avons assigné dans les jugements d'homologation.

Les art. 1558 et 1559 prescrivent les conditions et les formes dans lesquelles l'aliénation du bien dotal peut avoir lieu. Si l'on n'a pas obtenu l'autorisation de justice, l'aliénation est nulle. Si, au contraire, on a obtenu une décision du tribunal, quel sera l'effet et l'autorité de cette décision? L'aliénation du bien dotal pourra-t-elle encore être attaquée comme contraire aux dispositions de la loi?

Il se peut tout d'abord que l'aliénation, bien qu'autorisée par justice, ait eu lieu sans que les formes prescrites par la loi aient été observées. La vente est alors nulle pour vice de forme. La femme pourra la faire annuler par une action contentieuse en nullité susceptible de toutes les voies de recours. Cette action est dirigée contre la vente elle-même et non contre la décision du tribunal qui demeure intacte. Elle présente exactement les mêmes caractères que l'action en nullité dirigée contre les actes faits par un tuteur en vertu d'une délibération du conseil de famille homologuée.

Il se peut, en second lieu, que l'autorisation ait été donnée par le tribunal en dehors des cas prévus par la loi.

La jurisprudence a sur ce point une théorie curieuse qu'elle a réussi à imposer à la doctrine. La question, dit-elle, se présente sous un double aspect. Il se peut que les tribunaux se soient trompés en droit, aient accordé l'autorisation d'aliéner en dehors des cas prévus par la loi. Il se peut encore que tout en accordant l'autorisation dans un des cas prévus par la loi les tribunaux se soient trompés en fait, aient autorisé l'aliénation alors qu'en fait ils ne se trouvaient pas dans les termes des art. 1558 et 1559. S'il y a eu erreur de droit la femme, dit une jurisprudence constante, pourra faire prononcer contre les acquéreurs la nullité de leur acquisition, car l'aliénation a eu lieu en dehors des termes de la loi. En vain objectera-t-on qu'il y a chose jugée par le jugement d'autorisation, car ce jugement rendu sur requête sans contradicteur appartient à la juridiction gracieuse et ne saurait jamais acquérir l'autorité de la chose jugée. En vain objectera-t-on qu'il est bien rigoureux d'exiger des tiers plus d'intelligence et de lumière que n'en ont montré les magistrats eux-mêmes. Nul n'est censé ignorer la loi, l'inaliénabilité de la dot est un principe d'ordre public, plein de périls, il est vrai, pour les tiers qui contractent avec la femme, mais qui ne comporte de dérogation qu'en vertu d'un texte formel. Décider autrement et maintenir l'aliénation faite en dehors des hypothèses des art. 1558 et 1559 sous le prétexte qu'elle aurait été autorisée par le tribunal serait substituer l'autorité judiciaire au pouvoir législatif, la jurisprudence à la loi. Le régime dotal n'est pas un régime de crédit ni d'intérêt public, les tiers ne doivent traiter avec les époux qu'avec la plus grande défiance. Quant aux époux, ils ne peuvent se plaindre de ces entraves, ils les ont voulues.

Ainsi décident et doctrine et jurisprudence ([1]). En logique, leur solution nous paraît juste. Les tribunaux ne peuvent en principe autoriser l'aliénation de l'immeuble dotal ; ils le peuvent cependant lorsqu'ils en sont requis aux deux conditions suivantes : 1º que l'on soit dans l'un des cas d'exception limitativement déterminés par la loi ; 2º qu'on se conforme à certaines formalités bien précises. Dans cette limite,

---

([1]) Aubry et Rau, V, p. 593 et 594, texte et note 134 ; Marcadé, sur l'art. 1558 ; Colmet de Santerre, III, n. 230 bis ; Laurent, XXIII, 534. — Cass., 25 janv. 1887, S., 90. 1. 434. — Agen, 29 mars 1892 et 13 août 1891, S., 93. 2. 81 et 97.

les juges ont le pouvoir d'autoriser ; mais leur domaine, leur
mission, leur capacité ne va pas au-delà ; ils sont les man-
dataires de la loi ; ils ne font plus rien de valable lorsqu'ils
excèdent les limites de la procuration qui leur a été donnée ;
et si l'on ne se trouve pas dans un des cas d'aliénation prévus
par la loi, l'aliénation autorisée et accomplie selon les formes
n'en sera pas moins encore nulle parce qu'il ne peut y avoir
d'autorisation utile que dans l'un de ces cas.

Si au contraire, dit la jurisprudence, il y a eu erreur de
fait de la part du tribunal, l'aliénation est inattaquable, il y
a chose jugée ; dans le conflit entre la chose jugée et l'inaliénabilité dotale, la chose jugée l'emporte. Le tribunal a statué
dans la limite de ses pouvoirs, les tiers ont dû tenir pour avé-
rés des faits qu'ils n'ont pu vérifier eux-mêmes et qui ont été
déclarés constants par le tribunal. Les tiers ne sont pas res-
ponsables du défaut de sincérité des allégations produites
devant la justice (¹). Cette théorie est aujourd'hui admise de
tous. L'adopterons-nous aussi ? Non, car nous croyons la distinction faite par la jurisprudence entre l'erreur de fait et
l'erreur de droit purement artificielle, et nous allons en trouver la preuve dans les modifications successives qu'elle a su-
bies.

Dans les premiers temps qui suivirent la publication du
code, la notion de juridiction gracieuse n'existait pour ainsi
dire pas. Chaque fois qu'un tribunal intervenait, il y avait
jugement. Ce jugement emportait avec lui l'autorité de la
chose jugée, la chose jugée résultait non de la nature de la
décision du tribunal, mais du fait seul de l'intervention de ce
dernier. Dans ce système primitif, l'on avait décidé que la
femme n'était jamais recevable à contester la validité de

(¹) Duranton, XV, n. 509 ; Aubry et Rau, V, p. 537-6°, Troplong, n. 3493.

l'aliénation d'un de ses biens dotaux, alors même qu'elle aurait été autorisée dans un cas autre que ceux prévus par la loi (¹) (Grenoble, 9 nov. 1839; Lyon, 4 juin 1841; Lyon, 7 août 1849) (²). Dans ce système, le jugement d'autorisation était considéré comme ayant l'autorité de la chose jugée, autrement, comme le disait le dernier des arrêts cités, la femme dotale « serait, non seulement incapable de s'engager, mais » encore d'être jugée. — On rendrait l'aliénation des immeu- » bles dotaux absolument impossible, même pour les causes » les plus légitimes, car aucun acquéreur ne serait assez im- » prudent pour s'exposer à voir remettre en question dix, » vingt, trente et quarante ans après son adjudication, les » causes qui ont motivé l'autorisation; cette autorisation ne » serait qu'une formalité vaine et insignifiante, ou plutôt un » piège tendu aux tiers qui auraient eu l'imprudence de s'en- » gager sur la foi d'un jugement ». — Or cet arrêt était rendu sur une erreur de droit et la jurisprudence aujourd'hui constante et certaine, décide que, dans ce cas, il n'y a pas chose jugée. Les premières traces de la distinction qui fait aujourd'hui loi en jurisprudence, se trouvent dans deux arrêts de la Cour de cassation des 25 et 26 avril 1842 (³). Ces deux arrêts distinguent entre l'erreur de fait et l'erreur de droit, mais l'erreur de droit ne comprend pour eux que la fausse interprétation des art. 1558 et 1559. Cette conception de l'erreur de droit, nous la retrouvons dans l'arrêt de la cour de cassation du 7 juillet 1851 (⁴).

Cette décision confirmait un arrêt de la cour d'Aix du 5 août 1850, elle était rendue dans une espèce où le tribunal

(¹) Dalloz, *Rép.*, vᵒ *Contrat de mariage*, n. 3780 en note.
(²) D., 51. 2. 85.
(³) S., 42. 1. 541 et 544.
(⁴) S., 51. 1. 572.

avait accordé une autorisation en dehors des prévisions de la loi, mais elle contient des motifs remarquables par leur généralité : « Attendu », dit-elle, « que les tiers ne sauraient se pré-
» valoir de l'autorité de la chose jugée, puisqu'un simple
» jugement d'autorisation sur requête est un acte de juridic-
» tion volontaire, qui peut être révoqué par le tribunal qui l'a
» rendu, alors qu'il est mieux informé et que l'on procède
» devant lui par voie contentieuse. Que ce principe est sur-
» tout certain lorsqu'il s'agit des autorisations judiciaires rela-
» tives à la dot.... que.... la femme ne peut être liée par un
» acte de juridiction volontaire qui serait contraire à l'inalié-
» nabilité de la dot ». Il y a donc eu une évolution certaine dans la jurisprudence, qui, partie de cette formule : Tout acte émané d'un tribunal est un jugement, et a l'autorité de la chose jugée, est arrivée à cette autre formule : Il n'y a pas autorité de chose jugée toutes les fois que le juge, soit volontairement, soit involontairement par suite d'une erreur de droit de sa part, est sorti des bornes que lui ont fixées les termes précis de l'art. 1558. Mais l'autorité de la chose jugée subsistera toutes les fois qu'il y aura eu erreur de fait.

Cette évolution, croyons nous, ne s'est pas arrêtée là ; elle est allée plus loin, et se poursuit encore lentement.

Déjà, en 1854, le 1er avril, la cour de Grenoble avait rendu un arrêt isolé contraire à la jurisprudence alors admise ([1]). Le 13 juin 1870, c'est la cour de Lyon qui donne une nouvelle définition de l'erreur de droit (D., 71. 3. 38). Enfin, un arrêt de Cassation du 27 novembre 1883 ([2]) vient dénaturer complètement l'idée que l'on s'était faite jusqu'alors de l'erreur de droit et rendre impossible une distinction raisonnable entre l'erreur de droit et l'erreur de fait. Une femme avait

([1]) D., 55. 2. 116.
([2]) D., 85. 1. 39.

demandé l'autorisation d'aliéner un immeuble dotal, pour fournir des aliments à sa famille. Cette autorisation lui avait été accordée. Elle voulut obtenir la nullité de l'aliénation par elle consentie. La Cour de cassation, dans un arrêt fortement motivé, repoussa le pourvoi formé contre l'arrêt de la cour de Nîmes qui prononçait cette nullité. « Attendu », dit la Cour suprême, « que le but que se proposait la demanderesse était » moins de fournir des aliments à sa famille que de venir » en aide à son mari en lui facilitant l'accomplissement de » ses engagements envers ses créanciers et de le remettre à » la tête de son établissement ». Pour faire cadrer cet arrêt avec la jurisprudence que nous exposions tout à l'heure, les arrêtistes en note dans le Sirey disent : « Il est vrai que dans l'es- » pèce actuelle l'autorisation avait été accordée pour une » cause prévue par la loi : des aliments à la famille ; mais il » résultait du jugement que la cause était simulée. L'arrêt ne » méconnaît donc pas la distinction suivant laquelle l'autori- » sation est nulle quand elle a été faite pour un motif exclu » par le législateur, tandis qu'elle est valable lorsqu'elle a eu » lieu en vertu d'un jugement motivé sur une cause déter- » miné par la loi, mais simulée en fait. Il se borne à constater » que l'autorisation a été donnée en dehors des cas prévus » par la loi puisque la cause prétendue n'existait pas ». En somme, si l'on y regarde de près, on voit que la Cour de cas- sation écarte l'autorité de la chose jugée, pour un cas où le tribunal s'était trompé en fait ; puisqu'il avait vu dans les faits exposés par la femme une des causes prévues par l'art. 1558. Ou si on le préfère, il a donné de l'erreur de droit une défi- nition nouvelle, car il ne pourra plus y avoir erreur de fait que si la femme a sciemment trompé le tribunal.

Cet arrêt de 1883 n'est pas seul de son espèce, deux arrêts de la Cour de cassation, le premier du 25 janvier 1887 (D.,

87. 1. 373), le second du 11 décembre 1895 (D., 96. 1. 468) ont consacré des solutions analogues. Dans ces trois arrêts de 1883, 1887, et 1895 les époux avaient présenté leur demande de façon qu'elle pût rentrer dans les termes de l'art. 1558 alors qu'elle n'était pas en réalité basée sur les faits que les époux mettaient en première ligne. L'on ne peut pas dire qu'il y ait erreur de droit. Le tribunal a respecté les termes de l'art. 1558, il a accordé l'autorisation pour fournir des aliments à la famille (1883), alors qu'en réalité celle-ci n'en avait pas besoin. Il a décidé qu'il y avait nécessité alors qu'il n'y avait que de simples convenances (arrêt de 1895). La nécessité de fournir des aliments à la famille résulte d'un ensemble de faits, il y a là, au premier chef, une question de fait dont le Tribunal eut dû être juge souverain d'après l'ancienne jurisprudence.

La Cour suprême a donc modifié sa jurisprudence; elle l'a fait involontairement et presque sans s'en douter. De quoi s'est-elle en effet toujours et surtout préoccupée? De l'intérêt des tiers. Les tiers ne sont plus de bonne foi, dit-elle, puisque à la lecture de la requête qui sert de qualités au jugement, ils ont pu reconnaître que le tribunal s'était trompé. Mais, l'intérêt des tiers, ce motif que seul on invoque encore pour soutenir l'autorité de la chose jugée, quand il y a erreur de fait, c'est le motif que nous avons trouvé invoqué dans les jugements et arrêts de 1839, 1841 et 1849. C'est un motif absolument secondaire et contingent, qui varie dans une même espèce, suivant le point de vue auquel on se place. L'intérêt des tiers n'a besoin en aucune façon de l'autorité de la chose jugée pour être sauvegardé. Pour nous convaincre de la relativité de l'argument tiré de l'intérêt des tiers, il nous suffit d'ouvrir un arrêt de la cour de Caen du 9 mai 1876 (¹). Cet

---

(¹) Table du Dalloz, 1857-1867, v° *Dot*, n. 334; D., 76. 2. 136.

arrêt statue sur une espèce identique à celles tranchées par la Cour suprême en 1883, 1887 et 1895. Nous y lisons : « Que » quand l'autorisation a été donnée pour une des causes » déterminées par l'art. 1558, elle est irrévocable au respect » des tiers qui par suite ont contracté avec la femme ; qu'il » en est ainsi alors même que celle-ci soutiendrait que les » juges se seraient trompés sur l'appréciation des faits et sur » la nécessité de l'autorisation ; — qu'en effet les tiers ne sont » pas à portée de vérifier et de contrôler les appréciations » faites par les magistrats compétents ; qu'il suffit, pour éta- » blir leur bonne foi et constituer en leur faveur l'irrévoca- » bilité des autorisations, qu'à la seule inspection des juge- » ments ils n'aient pas pu s'apercevoir de l'erreur dont ils » seraient entachés ; qu'autrement les décisions judiciaires » deviendraient en pareil cas un piège tendu à la bonne » foi des tiers ». Donc, dans une même hypothèse, on a successivement donné les deux solutions contraires. Si on lit *in extenso* les deux arrêts de 1876 et 1883, on voit que dans le premier les tiers sont réputés garantis et couverts tant que les termes du jugement ne diffèrent pas de ceux de l'art. 1558 ; dans le second, au contraire, les tiers ne seront pas couverts tant qu'à la lecture de la requête, qui sert de qualités au jugement, ils ont pu se rendre compte que le tribunal s'était trompé sur le fait déterminant de la demande ; que le tribunal a cru, comme dans l'espèce, que c'était le besoin d'aliments alors que c'était en réalité l'intérêt du mari. Les tiers ne seront protégés par le jugement d'autorisation que dans deux cas : 1° lorsque la requête est sincère et que les faits qu'elle expose rentrent exactement dans les termes des art. 1558 et 1559 ; 2° Lorsque la femme a trompé le tribunal par un exposé de faits inexact et la production de pièces fausses à l'appui de sa demande. D'après les trois arrêts que nous venons de citer, il ne peut plus y avoir chose jugée que dans ces deux hypothèses ([1]).

On le voit, c'est involontairement, presque sans s'en douter que les tribunaux ont, en fait, écarté l'autorité de chose jugée dans presque toutes les hypothèses en matière d'aliénation d'immeubles dotaux. L'on en trouve la preuve dans la curieuse tentative faite par la jurisprudence pour maintenir l'autorité de chose jugée toutes les fois qu'il y a simple erreur de fait de la part des tribunaux et sauvegarder cependant les intérêts de la femme. La jurisprudence trouvait d'une part le régime dotal, régime bon à Rome parce qu'il importait à la république « *mulieres dotes salvas habere » propter qua se nubere possint*»; régime bon au temps où la fortune était surtout immobilière et territoriale, où chacun vivait sur sa terre de ce qu'elle produisait, mais qui, par suite du développement du commerce, de l'augmentation de la fortune mobilière et de la diminution du taux de l'intérêt avait singulièrement vieilli. Elle trouvait d'autre part l'intérêt des tiers et les besoins du commerce à satisfaire. Elle voulut concilier et l'intérêt des tiers et celui de la femme. Dans l'intérêt des tiers, elle refusa à la femme toute action en nullité contre l'aliénation de ses immeubles dotaux quand les tribunaux s'étaient trompés en fait. Dans l'intérêt de la femme, elle voulut obliger les tiers à surveiller l'emploi des fonds qu'ils paient à la femme ; des fonds qu'on leur emprunte, du prix moyennant lequel ils ont acquis les immeubles dotaux ([2]). Mais dans beaucoup de cas, lorsque par exemple les deniers doivent être employés en achats d'aliments, les tiers se trouvaient dans l'impossibilité d'en surveiller l'emploi. Pour tous

([1]) V. en ce sens Agen, 29 mars 1892, D., 92. 2. 253.
([2]) Cour de Nîmes, 11 janvier 1878, D., 79. 2. 56. — Troplong, *Contrat de mariage*, 3487 ; Aubry et Rau, V, p. 593.

ces cas, il fallut faire exception au principe que l'on venait de poser (¹), la multiplicité des exceptions a presque fait disparaître le principe et l'échec de ce système a peut-être été la cause des arrêts de 1883, 1887 et 1895.

Nous avons montré comment nous concevions le rôle du tribunal en matière d'autorisations d'aliéner la dot. Pour nous, le tribunal exerçant simplement une tutelle judiciaire ne peut rendre une décision qui ait l'autorité de la chose jugée. Voyons si, malgré l'absence de chose jugée, les tiers et la femme courent autant de dangers que l'on veut bien le dire et si leurs droits ne sont pas protégés d'une façon au moins aussi efficace que dans le système aujourd'hui consacré par la jurisprudence.

Il résulte des décisions les plus récentes, que les tiers seront à l'abri de toute action en nullité dans deux cas seulement. Tout d'abord si l'on est, sans équivoque ni contestation possible, dans un des cas prévus par les art. 1558 et 1559. En second lieu, si la femme, par ses manœuvres dolosives, a trompé le tribunal et les tiers en simulant des faits qui n'existaient pas en réalité. Dans le premier cas, le tiers est à l'abri en fait plutôt qu'en droit, car une question préjudicielle se posera toujours, celle de savoir s'il n'y a eu ni équivoque ni contestation possible, si le tiers est vraiment de bonne foi, et ce n'est qu'une fois cette première question résolue par l'affirmative que l'on pourra invoquer l'autorité de la chose jugée. Qu'il y ait chose jugée ou non, les tiers n'en sont pas moins à l'abri, puisque en présence de faits précis et clairs, comme ils doivent être pour que les tiers soient de bonne foi, tous les tribunaux jugeront forcément de même, ou s'ils jugent autrement, ils commettront un excès de pouvoir qui

(¹) Cour de Lyon, 21 juillet 1896, D., 96. 2. 230. — Cour de cassation, 13 décembre 1897, D., 98. 1. 56.

pourra être réprimé par la Cour suprême. Dans le second cas, la femme a trompé les tiers, elle a commis un quasi-délit. Ce quasi-délit donnera naissance à une action délictuelle et exécutoire sur les biens dotaux qui aboutira d'une façon indirecte au maintien de l'aliénation [1].

Lorsque la femme, arguant de la fausseté des faits qui ont motivé la décision du tribunal, demandera le nullité de l'aliénation par elle consentie, les tiers qui étaient de bonne foi se retourneront contre elle et lui diront : vous avez usé de dol pour nous faire croire que vous étiez dans l'un des cas prévus par l'art. 1558, vous y avez réussi, vous avez même, par votre dol, trompé le tribunal chargé de vous arrêter si vous violiez la loi. L'aliénation que vous nous avez consentie est nulle; mais cette nullité nous cause un préjudice dont nous sommes en droit de vous demander réparation. Ce préjudice est exactement celui qui résulte de la nullité de la vente; si la vente était maintenue, nous serions indemnes. Et le tribunal saisi de la contestation maintiendra l'aliénation non à titre contractuel, mais à titre délictuel. On le voit, le résultat final est le même que celui obtenu par la jurisprudence.

Mais alors, dira-t-on, à quoi bon l'autorisation judiciaire, puisqu'elle ne couvre rien, ne garantit personne et que même après qu'elle est intervenue, tout peut encore être remis en question? Si l'autorisation de justice ne devait avoir aucun effet, le législateur ne l'eût certainement pas exigée. Raisonnons un peu. Qu'a voulu le code? Sauver le principe de l'inaliénabilité dotale, empêcher que l'immeuble dotal ne fût aliéné en dehors des cas légaux. Malgré l'intervention de la justice, la vente de l'immeuble dotal n'en est pas moins une vente ordinaire attaquable dans les termes du droit commun.

[1] Cour d'Agen, 29 mars 1892, D., 92. 2. 253.

La seule utilité de l'interventiou des tribunaux est dans le *veto* qu'ils peuvent opposer à l'aliénation si elle ne rentre pas dans les termes des art. 1558 et 1559.

Nous disons donc qu'il n'y a jamais chose jugée, et nous pouvons compléter notre argumentation en citant un curieux passage de M. Laurent le seul auteur qui sur ce point soit de notre avis. M. Laurent enseigne que le fonds dotal est placé hors du commerce. Bien que nous ayons rattaché l'inaliénabilité de la dot à une incapacité spéciale dont la femme dotale est frappée, le raisonnement de M. Laurent nous paraît juste et nous croyons qu'il porte même dans l'opinion que nous soutenons. Après avoir dit, en effet, que l'autorisation donnée par les tribunaux à la femme dotale l'est en matière gracieuse et n'est pas un jugement, M. Laurent ajoute plus loin (¹) : « Cela décide la question de la chose jugée, puisqu'il n'y a » point de jugement, il ne peut être question d'une présomption » de vérité qui n'est attachée qu'à la chose jugée. L'autorisation » d'hypothéquer est à la vérité accordée sous forme de juge- » ment, mais c'est un jugement sur requête rendu en Chambre » du conseil. C'est un acte de juridiction volontaire qui ne » peut lier les magistrats mieux éclairés sur les faits ; il n'a » pas besoin, pour être réformé, d'être attaqué par les voies » ordinaires. L'oppose-t-on à la femme réclamant la nullité de » l'aliénation, elle peut se borner à répondre que l'acte » qu'on lui oppose n'est pas un jugement ; qu'il ne peut pas » en résulter une exception de chose jugée. On objecte l'inté- » rêt des tiers, qui voient leurs droits annulés bien qu'ils » n'aient traité avec la femme que sur une autorisation de » justice. L'objection confond deux ordres d'idées tout à fait » distincts. Si le tribunal intervient, ce n'est pas pour déclarer

(¹) Laurent, XX, n. 8.

» que la femme est capable ; l'inaliénabilité du fonds dotal ne
» tient pas à l'incapacité de la femme ; c'est une garantie de
» ses intérêts, le juge est appelé à veiller à ces intérêts, à les
» sauvegarder ; si par erreur il les sacrifie au lieu de les assurer,
» dira-t-on qu'il y a chose jugée contre la femme ? (¹). Nous
» demanderons qui invoquera cette chose jugée. Le tiers qui
» a traité avec la femme dotale ? Il n'a pas été partie en cause,
» comment se prévaudra-t-il d'un jugement qui lui est étran-
» ger ? Cela prouve qu'il ne peut être question de chose
» jugée, car l'une des conditions exigées par la loi pour qu'il
» y ait chose jugée, est que la nouvelle demande soit formée
» contre la partie qui a été en cause dans une première instance ;
» or, dans l'espèce, il n'y a pas eu de parties en cause lors de
» la demande d'autorisation. La femme adresse une requête
» mais elle n'a pas de contradicteur ; le tiers qui a intérêt à
» l'autorisation ne figure pas dans l'instance ; pour mieux dire,
» il n'y a pas de débat. Comment y aurait-il chose jugée
» alors qu'il n'y a personne qui puisse l'invoquer ? » (²).

Quelles voies de recours seront possibles contre ces autori-
risations d'aliéner données par la justice ? Nous avons dit que,
pour nous, il n'y avait pas un véritable jugement. Nous écar-
terons donc les voies de recours normales contre les jugements :
opposition, tierce opposition et appel. Pour l'opposition, la
question est simple ; il n'y a pas, il ne peut y avoir de défaillant puisqu'il ne s'agit pas d'un procès contradictoire, l'oppo-

---

(¹) Cette partie du raisonnement ne porte pas si l'on admet comme nous que
l'inaliénabilité de fonds dotal dérive d'une incapacité spéciale dont la femme est
frappée ; mais on ne peut la supprimer sans infirmer en rien le reste de l'argumentation, nous l'avons reproduite pour ne pas morceler la citation.

(²) M. Huc, IX, n. 482, décide que le jugement d'autorisation n'a pas l'autorité
de la chose jugée. Il ajoute cependant que l'aliénation est inattaquable si elle a été
accordée pour une cause prévue par la loi, quand même les faits allégués et admis
par le tribunal ne seraient pas exacts. C'est à peu de chose près la solution que
nous avons donnée.

sition est donc très certainement impossible. Quant à la tierce opposition, elle est ouverte en général à tous ceux qu'un juge- ment lèse, et qui sont des tiers par rapport à ce jugement. Or ici, ou bien les tiers sont des créanciers de la femme, l'autorisa- tion d'aliéner obtenue par leur auteur leur est bien opposable, mais ils sont ayant cause de la femme, et ils ont le droit de diriger l'action paulienne contre les actes consentis en fraude de leur droits ; la tierce opposition leur est inutile. Ou bien ils ne sont rien à la femme, ils sont complètement étrangers au jugement, ils n'y ont point été parties, ils n'y ont point été représentés ; ils se trouvent en présence d'une *res inter alios acta* qui ne peut leur nuire ([1]).

L'appel est-il recevable ? Pour nous, certainement non, puis- qu'il n'y a pas de chose jugée il ne peut y avoir d'appel. Les auteurs se prononcent généralement en sens contraire. Ils permettent à la femme de faire appel du jugement rendu contre elle, et cela parce que l'appel est de droit commun ; parce qu'il faut permettre à la femme de se mettre à couvert contre les erreurs de la justice, qui pourrait compromettre ses intérêts en lui refusant une autorisation qu'elle demande et qu'elle est en droit d'obtenir. Ces arguments ne sont pas sérieux. L'appel est de droit commun contre les jugements, or ici il n'y a pas jugement. Nous avons indiqué, d'autre part, comment nous comprenions le rôle du tribunal et comment le *veto* qu'il oppose à la demande de la femme quand il la croit inutile ou irrecevable, est la raison d'être de son inter- vention. D'ailleurs, si au mépris d'un texte formel le tribunal refusait une autorisation qu'il devait accorder, la Cour de cassation pourrait être saisie par le Garde des sceaux. En pra- tique, cet inconvénient ne se présente guère, les tribunaux

([1]) Garsonnet, V, 709, 711 s.

FAURE   11

frappés des effets désastreux du régime dotal, tendent au contraire à étendre le plus possible les termes des art. 1558 et 1559. Nous croyons donc l'appel irrecevable et nous ne pouvons qu'approuver l'arrêt de la cour de Bruxelles du 14 avril 1888 rapporté aux *Pandectes françaises*, v° *Mariage,* n. 1043, aux termes duquel le jugement sur requête tendant à obtenir l'autorisation d'aliéner un immeuble dotal est un acte de juridiction gracieuse qui n'acquiert jamais l'autorité de la chose jugée, de telle sorte que l'appel d'un tel jugement n'est pas recevable (¹).

Comment donc se pourvoira-t-on contre la décision autorisant l'aliénation d'immeubles dotaux? Deux voies de recours sont ouvertes. La rétractation et l'action en nullité. La rétractation est une voie de recours normale contre les décisions gracieuses; elle est très largement admise en notre matière, si largement que la cour de Rouen a jugé le 3 février 1853 (²), que l'autorisation accordée par justice à la femme dotale d'aliéner sa dot, ou de disposer sans remploi de deniers qui lui échoient comme dotaux, est révoquée de plein droit, si avant que la femme en ait fait usage les avantages attachés au mode d'emploi prescrit viennent à défaillir. Reste l'action en nullité contre l'aliénation faite en vertu de l'autorisation de justice. La jurisprudence l'admet au cas d'erreur de droit, jamais au cas d'erreur de fait. Pour nous, elle est toujours possible, peu importe la manière dont le principe de l'inaliénabilité de la dot a été battu en brèche. La femme peut former cette demande à tout moment, en tout état de cause, sans que l'on puisse lui opposer ni l'acquiescement, ni l'autorité de la chose jugée. Ces deux voies de recours suffisent pour

(¹) V. *Contra* Bordeaux, 22 nov. 1832, *Journal des Arrêts de Bordeaux,* VII, p. 537.
(²) D., 53. 2. 147.

protéger la femme. On ne peut dire que notre solution sacrifie l'intérêt des tiers et détruit le crédit de la femme. Le régime
dotal a vieilli et n'est plus en rapport avec les besoins de la
société moderne, voilà tout. Nous maintenons donc nos solutions et nous disons en terminant : Le jugement qui autorise
la femme à aliéner un bien dotal n'est pas un jugement véritable, n'emporte pas chose jugée, n'est susceptible ni d'opposition, ni de tierce opposition, ni d'appel.

CHAPITRE VI

Lorsque l'hypothèque légale de la femme mariée n'a pas été cantonnée dès son origine, elle ne peut plus être restreinte ou réduite, qu'en vertu d'une décision judiciaire conformément aux art. 2144 et 2145 C. civ. qui s'expriment ainsi :

Art. 2144. « Pourra pareillement le mari, du consente-
» ment de sa femme, et après avoir pris l'avis des quatre
» plus proches parents d'icelle, réunis en assemblée de fa-
» mille, demander que l'hypothèque générale sur tous ses
» immeubles, pour raison de la dot, des reprises et con-
» ventions matrimoniales, soit restreinte aux immeubles
» suffisants pour la conservation entière des droits de la
» femme ».

Art. 2145. « Les jugements sur les demandes des maris et
» des tuteurs ne seront rendus qu'après avoir entendu le pro-
» cureur impérial, et contradictoirement avec lui. — Dans le
» cas où le tribunal prononcera la réduction de l'hypothèque
» à certains immeubles, les inscriptions prises sur tous les
» autres seront rayées ».

Ces articles édictent des conditions de rigueur auxquelles les parties ne peuvent déroger même par une clause du contrat de mariage. Un arrêt de la cour de Nîmes du 4 mai 1888 (S., 89. 2. 238), a annulé avec raison la clause d'un tel contrat qui réservait à la femme le droit de cantonner son hypothèque, sur un ou plusieurs immeubles qu'elle avait la faculté de désigner pendant le mariage. L'on doit même (¹) regarder comme nulle « la convention par laquelle, en réduisant » l'hypothèque à certains immeubles par leur contrat, les » époux se seraient réservé la faculté d'en affranchir ces » biens pendant le mariage, en la transportant sur d'autres » immeubles d'une valeur jugée suffisante » (²). M. Pont décide alors que non seulement la réserve tombe, mais encore la réduction elle-même dont elle était la condition. MM. Aubry et Rau prétendent, au contraire, qu'il y a deux stipulations indépendantes, et que l'une peut disparaître sans que l'autre la suive forcément par voie de conséquence. Quelle que soit d'ailleurs la solution adoptée, tous les auteurs sont d'accord sur ce point, c'est que les conditions prescrites par les art. 2140 et s. sont d'ordre public et que permettre d'y déroger, de quelque façon que ce soit, serait donner à l'hypothèque de la femme un caractère ambulatoire et la livrer pendant le mariage à la discrétion des époux, ce qui constituerait de leur part une véritable usurpation de pouvoirs vis-à-vis de la loi.

Mais quelles sont donc ces conditions?

Elles sont au nombre de cinq. — Il faut :

I. Que l'hypothèque n'ait pas été restreinte dans le contrat de mariage ;

II. Que les immeubles du mari aient une valeur notoirement supérieure à ce qui est nécessaire pour la sûreté des droits de la femme ;

III. Que la femme consente ;

IV. Que les quatre plus proches parents de la femme réunis en assemblée de famille aient été consultés ;

(¹) Aubry et Rau, III, p. 231 et 232, § 264 *ter*.
(²) Civ. cass., 5 mai 1852, S., 52. 1. 189.

V. Que la demande soit formée contre le procureur de la
République.

Reprenons ces conditions et précisons-les :

I. Il faut d'abord que l'hypothèque n'ait pas été restreinte dans
le contrat de mariage. Cela résulte des textes (arg. pareillement). La loi met sur la même ligne l'hypothèque légale du mineur et celle de la femme mariée ; or l'art. 2143 exige que l'hypothèque légale du mineur n'ait pas été restreinte à son origine pour qu'elle puisse être réduite. Que décider s'il y a déjà
eu une première réduction pendant le mariage ; une seconde
serait-elle possible ? La loi ne prévoit pas le cas. Cubain, se
fondant sur les termes mêmes de l'art. 2144 qui parle de « l'hypothèque générale sur tous les immeubles » du mari soutenait
la négative. Si l'hypothèque a déjà été réduite, disait-il, elle
ne porte plus sur « tous » les immeubles du mari, et l'art.
2144 cesse d'être applicable. Pour nous, une seconde restriction serait au contraire possible ; la loi ne la prohibe pas ; et
elle peut devenir utile par suite d'événements postérieurs à la
première, surtout lorsque la première a eu lieu par voie d'exclusion. Pour restreindre l'hypothèque légale, on peut procéder de deux manières : ou bien limiter l'hypothèque à certains
immeubles que l'on indique, c'est la spécialisation ; ou bien
affranchir de l'hypothèque certains immeubles spécialement
désignés, c'est l'exclusion. L'hypothèque légale porte alors sur
tous les biens du mari à l'exception de ceux exclus, et dans
ces conditions : soit que le mari acquière de nouveaux immeubles, soit que le montant des reprises de la femme se trouve
pour une raison quelconque diminué, une seconde restriction pourrait être très utile au mari. L'argument de texte de
Cubain nous paraît quelque peu spécieux, car, somme toute,
la restriction ne tend qu'à une chose : donner au mari le
moyen de faire réduire le gage hypothécaire de la femme sur

des immeubles suffisants. Qu'il s'y prenne à plusieurs fois pour réussir, peu importe (¹).

II. Il faut en second lieu que les immeubles du mari aient une valeur notoirement supérieure à ce qui est nécessaire pour la sûreté des droits de la femme. Cette condition, qui résulte de la combinaison des art. 2143 et 2144, ne fait pas de difficulté.

III. Il faut encore que la femme consente, le texte de l'art. 2144 est formel sur ce point. Mais malgré ce texte, la question a été, et est encore controversée en doctrine et en jurisprudence. L'argument commun de tous ceux qui prétendent que la réduction de l'hypothèque peut avoir lieu malgré la résistance de la femme, est la généralité des termes de l'art. 2161. L'art. 2161, dit-on en substance, s'applique à toutes les hypothèques légales, et par conséquent à l'hypothèque légale de la femme mariée ; or il n'exige pas, pour que la réduction soit possible, le consentement du titulaire de l'hypothèque ; ce serait porter atteinte aux droits du mari que de l'exiger pour la réduction de l'hypothèque légale de la femme (²). Il semble bien cependant résulter des art. 2140 et suivants combinés avec l'art. 2161 que la restriction de l'hypothèque légale de la femme mariée est toujours conventionnelle ; celle-ci doit donc toujours consentir. La loi, dans les art. 2140 et suivants, a prévu toutes les hypothèses possibles ; il en résulte que l'art. 2161 est étranger à l'hypothèque légale de la femme mariée.

M. Jouitou, qui ne considère pas le consentement de la femme camme indispensable, justifie sa solution par certaines consi-dérations de fait (³) : « Le législateur, dit-il, se défie du dis-

---

(¹) V. en ce sens Jouitou, *Restr. de l'hyp. lég. de la femme*, n. 109 ; Agen, 28 déc. 1887, S., 89. 2. 194. — Baudry-Lacantinerie et de Loynes, II, n. 1027.

(²) Duranton, XX, n. 208 ; Toullier, VII, p. 321.

(³) Jouitou, *Restr. hyp. légale de la femme mariée*, n. 65.

» cernement de la femme au cas où elle consent et soumet
» son adhésion au contrôle de quatre parents puis du tribunal,
» il n'a pu y avoir foi lorsqu'il s'agit de son refus ».

Il ajoute que la restriction de l'hypothèque légale de la
femme, peut, de l'aveu de tous, avoir lieu sans le consentement
de la femme, lorsque étant en état d'interdiction ou de démence
par exemple, elle est dans l'impossibilité de le donner ; il en
conclut que le consentement de la femme n'est pas une condition *sine qua non* de la demande. Précisant ensuite l'argument général, il dit encore que, puisque l'on a cru nécessaire
d'excepter de l'art. 2161 l'hypothèque conventionnelle, l'art.
2161 a une portée très générale et s'applique à l'hypothèque
légale de la femme mariée au cas de restriction non conventionnelle et à défaut de cette dernière de pouvoir intervenir.
Il invoque enfin l'art. 2157, qui semble opposer la réduction
volontaire des inscriptions et celle prononcée en justice : la
main-levée et la radiation.

Nous pensons au contraire, en présence des textes, que le
consentement de la femme est indispensable ; on ne comprendrait guère que la loi se montrât si sévère d'un côté et si facile
d'un autre. Il suffirait à la femme de faire défaut pour réduire
l'art. 2144 en lettre morte. L'on arriverait à permettre au mari
d'obtenir par son ascendant, sous couleur de restriction d'hypothèque légale, des avantages qui pourraient constituer des
dons irrévocables de la part de la femme, ce que, de l'aveu
même de M. Jouitou, l'art. 2144 a pour but d'éviter. La femme
doit consentir, sans cela la demande serait formée contradictoirement avec elle, ce qui serait contraire à l'art. 2145. Quant
à l'argument tiré par M. Jouitou de l'exception que l'on fait
quand la femme est dans l'impossibilité de donner son consentement, il est facile d'y répondre. Y a-t-il là une exception
véritable ? Non, car le tuteur de la femme consentira pour

elle à la restriction, et M. Jouitou le comprend si bien qu'il traite la question au chapitre de la restriction de l'hypothèque avec le consentement de la femme.

Reste l'art. 2161 que l'on nous oppose toujours. Il faut remarquer, comme le fait Cubain ([1]), que cet article est écrit pour des créances qui doivent être évaluées, alors que la créance hypothécaire de la femme n'est soumise à aucune espèce d'évaluation. Au surplus, l'art. 2161 ne concerne que les hypothèques purement judiciaires. On veut confondre deux ordres d'idées différents : l'hypothèque légale de la femme et l'hypothèque judiciaire. La première étant réglée par les art. 2144 et 2145, l'art. 2161 n'avait pas à s'en occuper ([2]). Nous croyons donc que la femme doit consentir à la réduction de son hypothèque. C'est d'ailleurs l'avis de la grande majorité des auteurs ([3]). Grenier, dans son ouvrage sur les hypothèques, en conclut même que la restriction de l'hypothèque légale de la femme peut avoir lieu pour des hypothèques antérieures au code civil, bien que celui-ci ne rétroagisse pas, parce que « cette réduction ne pouvant s'opé- » rer que du consentement de la femme, on ne peut présumer » qu'une telle renonciation lui nuise » (*Hyp.*, I, n. **270**). Enfin la jurisprudence, après avoir d'abord décidé le contraire, après avoir, dans un système étrange (Paris, 25 avril **1823**), combiné les art. 2144 et 2161 en n'exigeant pas le consentement de la femme, mais en exigeant cependant l'avis des quatre plus

---

([1]) *Droit des femmes,* n. 554; Pont, I, n. 559.

([2]) M. Troplong a ici une curieuse théorie. Si, dit-il, le mari a une action en réduction, conformément à l'art. 2161, cette action n'est pas recevable tant que, d'après l'art. 2144, le mari n'arrive pas avec un acte d'adhésion de sa femme et un avis de parents (II, 641).

([3]) Aubry et Rau, III, p. 401; Colmet de Santerre, IX, n. 115 *bis;* Tarrible, sur Merlin, III, n. 22; Persil, art. 2144, n. 2; Massé et Vergé sur Zachariæ, V, p. 205, § 812, note 15; Thézard, n 101; Baudry-Lacantinerie et de Loynes, II, n. 1028.

proches parents, s'est définitivement ralliée à la solution que nous venons de donner (¹). Peut-être l'exigence de la loi n'est-elle pas à l'abri de toute critique, peut-être y aurait-il eu lieu, comme le proposent MM. Bertin et Martou (²), de venir au secours du mari, de lui fournir le moyen de s'affranchir des exigences exorbitantes de la femme; mais la loi est restée muette sur ce point; aucune exception n'a été apportée par elle au droit conféré à la femme de conserver son hypothèque légale sur tous les biens du mari. Le consentement est la condition essentielle de la restriction et, si la femme a subordonné son consentement à certaines conditions, ces conditions devront être respectées.

Nous disons donc que la femme doit consentir. Pour ce faire, elle doit être majeure et cela : 1° parce que les mineurs ne peuvent consentir aux actes qui rendent leur condition pire, ce qui est ici le cas ; 2° parce que la femme devant être majeure pour consentir avant son mariage à la réduction de son hypothèque, elle doit *a fortiori* être majeure pour en consentir la réduction pendant le mariage (Arg. pareillement). On objecte bien que le tribunal vient ici protéger la femme. Mais reste à savoir quel est le rôle du tribunal. Pour nous qui croyons avec la jurisprudence la plus récente de la Cour de cassation (arrêt du 9 mars 1886) : « Que les tribu- » naux saisis en cette matière ne sont point appelés à statuer » dans la plénitude de leur juridiction » ; que malgré l'intervention du tribunal la réduction demeure conventionnelle et que le tribunal doit seulement apprécier si l'esprit aussi bien que la lettre de la loi ont été respectés; pour nous, cet

(¹) V. pour les premiers arrêts D., *J. G.*, v° *Priv. et hyp.*, n. 2606, 2607, 2643. — Cass., 9 déc. 1824. — Cass., 2 juin 1862, D., 62. 1. 358. — Cass., 23 juin 1868 et 9 mars 1886, S., 88. 1. 241.

(²) Bertin, *Chambre du conseil*, II, n. 227 et 228; Martou, III, n. 942.

argument ne peut nous toucher. On ne comprendrait pas, d'ailleurs, que la femme incapable à la veille du mariage, devînt subitement capable par la réalisation de ce mariage. Le soin pris par la loi d'exiger outre le consentement de la femme l'avis d'une assemblée de famille spécialement composée, prouve que la femme ne peut consentir à cette réduction que si elle est majeure. Si on avait jugé possible le consentement d'une femme mineure, on n'aurait pas constitué, à côté du conseil de famille ordinaire, un conseil spécial, moins nombreux et moins bien organisé que celui-ci (¹).

Le consentement de la femme étant nécessaire, il faut que ce consentement soit donné en connaissance de cause, il faut qu'il soit valable ; il ne le serait pas, émané d'une femme mineure et ce premier défaut élèverait un obstacle insurmontable au succès de la demande en réduction. Le consentement de la femme est nécessaire d'après l'art. 2144. Or, il n'y a pas de consentement lorsqu'il émane d'une personne incapable de le donner. Telle est la femme mineure ; elle ne peut pas plus donner de consentement que le mineur en tutelle auquel le législateur n'a voulu ni pu le demander (²).

Mais une question délicate se présente. Supposons que la femme soit interdite ; elle ne peut alors avoir une volonté réfléchie, consentir. Faut-il dire alors que la restriction est impossible ? Non, répondent tous les auteurs ; le représentant de la femme consentira pour elle. Pas de difficulté si la femme a pour tuteur un étranger. Mais, en règle générale (art. 506), elle a pour tuteur son mari ; il y a alors une opposition d'intérêt et les principes nous conduisent à exiger un subrogé

(¹) Aubry et Rau, III, p. 401 ; Duranton, XX, n. 67 ; Jouitou, n. 61 ; Colmet de Santerre, *loc. cit.* — *Contra* Persil, *Rég. hyp.*, n. 2114, IV.

(²) Pont, I, 559 ; Tarrible s. Merlin, vº *Inscrip. hyp.* — Baudry-Lacantinerie et de Loynes, *Priv. et hyp.*, II, 1029, s.

tuteur. Cette solution n'est-elle pas en contradiction avec celle qui refuse la restriction quand la femme est mineure? A cela MM. Aubry et Rau répondent ([1]) : « En cas de minorité, l'obs-
» tacle n'est que temporaire, et le mari a dû savoir qu'il ne
» pourrait avant la majorité de la femme obtenir la réduction
» de l'hypothèque. En cas d'interdiction, l'obstacle peut se
» perpétuer pendant toute la durée du mariage; et le mari
» ne doit pas être indéfiniment privé d'une faculté qui lui est
» accordée par la loi; d'autant moins que ce résultat pour-
» rait être contraire aux véritables intérêts de la famille ». On peut dire encore : lorsque la femme est mineure, elle a été émancipée par le mariage, elle n'a plus de représentant légal; elle reste incapable en vertu des principes généraux et de la disposition spéciale de l'art. 2144; au contraire, la femme interdite a un représentant légal, celui-ci peut accomplir, sous des conditions déterminées par la loi, tous les actes inté-ressant la femme interdite. Il pourra donc, comme celle-ci en avait le droit, consentir la réduction de l'hypothèque ([2]). Si, au lieu d'une femme interdite nous supposons une femme placée dans une maison d'aliénés, nous pensons que le con-sentement peut alors émaner d'un mandataire spécial désigné par le tribunal en exécution de la loi du 30 juin 1838. L'ad-ministrateur provisoire peut être ce mandataire spécial. Cette solution, qui est admise par de nombreux auteurs, a été consa-crée par le tribunal civil de Nice le 16 mars 1863 ([3]).

Il faut, pour consentir, que la femme soit majeure, mais lorsqu'elle est majeure, peu importe le régime matrimonial,

([1]) Aubry et Rau, III, p. 402, note 16.

([2]) Baudry-Lacantinerie et de Loynes, II, *Priv. et hyp.*, 1030. — Caen, 7 février 1863, S., 63. 2. 124.

([3]) Cf. Boulanger et de Recy. *Traité des rad. hyp.*, n. 149; Jouitou, *Restr. de l'hyp. lég. de la femme*, et les auteurs cités plus haut.

la restriction est possible, même sous le régime dotal. La chose sur ce point est certaine ; il y a en ce sens une jurisprudence constante ; et les doutes qui pourraient s'élever doivent disparaître en présence des solutions non équivoques que nous fournit le droit romain (¹). Sans doute, la femme ne peut alors disposer de l'hypothèque légale qui garantit la restitution de sa dot immobilière. Mais, de même que l'on ne peut appliquer les art. 2144 et 2145 à la subrogation de l'hypothèque légale, de même il ne faut pas refuser cette restriction parce que la subrogation est impossible. La femme trouve une protection suffisante dans les formes prescrites par les textes.

Il faut donc que la femme majeure consente et nous avons insisté un peu longuement sur ce point, parce que c'est ce consentement de la femme qui fait de la réduction de son hypothèque un acte de juridiction gracieuse. L'accord des parties est un des caractères constitutifs de l'acte gracieux ; si l'on pouvait réduire l'hypothèque légale de la femme malgré elle, on se trouverait en présence d'un acte contentieux.

IV. Il faut en quatrième lieu l'avis des quatre plus proches parents de la femme réunis en assemblée de famille. Ce n'est là qu'une mesure d'instruction, comme pour la réduction de l'hypothèque légale du mineur. Favorable ou non, l'avis peut être soumis au tribunal qui n'est pas lié par lui. La loi donne seulement à l'assemblée une voix consultative ; c'est au tribunal qu'il appartient de régler le désaccord qui peut exister entre la femme qui consent et les quatre parents qui désapprouvent (²). Seul Merlin dans son *Répertoire,* vᵒ *Inscription hypothécaire,* III, n. **23**, est d'un avis contraire, mais il est

(¹) Troplong, II, n. 640 ; Aubry et Rau, III, p. 401.
(²) Baudry-Lacantinerie et de Loynes, II, n. 1031 ; Pont, I, n. 564 ; Aubry et Rau, III, p. 401, § 282, note 12 ; Persil, sur l'art. 2143 ; Troplong, n. 642 *bis;* Dalloz, *J. G.,* vᵒ *Hypothèque,* n. 433 et 434. — Cass., 2 juin 1862, D., 62. 1. 358.

obligé de reconnaître que la loi n'exige pas expressément un avis favorable. L'assemblée de parents est analogue à un conseil de famille ; elle en diffère par le nombre des parents qui la composent et aussi parce que son avis n'étant pas exécutoire n'est pas susceptible d'un recours devant la justice. L'art. 883 du C. pr. civ. ne s'applique pas (¹). Le recours n'aurait en effet aucun but, puisque l'avis qu'il attaquerait n'est qu'un document à consulter, ne porte point avec lui la force exécutoire et qu'il n'y a aucun intérêt à en demander la réformation au tribunal devant lequel il sera nécessairement produit pour être apprécié. Le tribunal, nous le verrons plus loin, en rendant sa décision est chargé de voir s'il n'y a pas eu d'irrégularités commises ; il examinera entre autres choses la composition de l'assemblée de famille ; les circonstances dans lesquelles l'avis a été émis (²). Il verra si l'assemblée a été constituée suivant les règles édictées pour les conseils de famille (art. 407 s.), si les parents sont ceux qui se trouvent dans la zone indiquée par l'art. 407.

Cependant ce dernier point est controversé et divers auteurs, MM. Pont et Troplong entre autres, se fondant sur l'opinion du consul Cambacérès que l'on trouve rapportée aux travaux préparatoires du code, séance du 5 ventôse an XII *in fine,* soutiennent que les mots « les quatre plus proches parents » doivent être pris dans leur sens le plus absolu, et que si les quatre plus proches parents ne sont pas sur les lieux, on ira les chercher même en dehors de la zone de l'art. 407 (³). Nous croyons cette opinion erronée, car la loi ne prononce pas la nullité de la délibération s'il y a eu irrégularité dans

(¹) Chambéry, 28 mars 1874, S., 75. 2. 39.
(²) Trib. du Puy, 1ᵉʳ mars 1888, D., 91. 2. 313.
(³) Troplong, n. 644 ; Pont, n. 561 ; Jouitou, *loc. cit.*, n. 41 ; Massé et Vergé sur Zachariæ, p. 812, note 16.

la composition de l'assemblée de famille et que l'on ne saurait donner de la loi une interprétation qui rendrait très difficile et peut-être même impossible l'exercice du droit du mari. Il y a d'ailleurs un contrôle ; le tribunal, en statuant sur la demande de restriction, appréciera si les irrégularités de composition ont nui à l'incapable ; si elles sont le résultat ou la préparation d'une fraude (¹). Maleville, sur l'art. **2144**, rapporte que cette dernière opinion était celle de la majorité des membres du conseil d'Etat. « On voulait », dit-il, « que l'on » prît simplement l'avis du conseil de famille. On répondit » que si l'amendement était admis, la disposition de l'article » dégénèrerait en pure formalité et que le conseil serait » composé de personnes indifférentes. L'article fut donc » adopté, mais avec cette observation, qu'il fallait entendre » ici, comme au titre des tutelles, les parents les plus proches, » pris dans tel rayon ». Cette solution est consacrée par une jurisprudence à peu près constante. La jurisprudence décide même qu'à défaut de parents l'assemblée de famille pourrait être formée d'alliés ou d'amis de la femme.

V. La demande doit enfin être formée contre le Procureur de la République. Cela résulte expressément de l'art. **2145**. C'est aussi rationnel puisque, comme le fait observer Troplong, II, n. 644 « le consentement de la femme étant abso- » lument nécessaire au mari, le mari et la femme ne peuvent » se trouver en collision l'un avec l'autre ». Ceux qui pensent que l'on peut réduire l'hypothèque de la femme malgré elle sont naturellement d'un avis contraire. La demande, disent-ils, est formée par le mari contre la femme ; elle est seulement notifiée au procureur de la République. Mais ce système est condamné par les textes. L'art. **2145** porte en effet

---

(¹) Aubry et Rau, III, p. 401, § 282, note 13 ; Persil, sur l'art. 2144, n. 6 ; Boulanger et de Recy, *Traité des rad. hyp.*, I, 139.

que la demande est formée « contradictoirement avec le procureur de la République » (¹).

Reste à déterminer le rôle exact du procureur de la République et ses pouvoirs. Nous reviendrons plus loin sur cette
question ; mais d'ores et déjà nous pouvons dire qu'il n'est
pas partie principale, en ce sens, qu'il n'y a pas de question
contentieuse jugée contre lui, et cela, malgré les termes de
l'art. 2145; car, comme l'a très justement fait remarquer un
arrêt de la cour de Rouen du 8 décembre 1843 (²), les termes
employés par la loi sont les mêmes que pour le mineur à
l'égard duquel le subrogé tuteur est le contradicteur du
tuteur. Le procureur a ici un rôle très spécial, il est là à la
fois pour prévenir toute violation de la loi et tout acte qui
pourrait préjudicier aux droits de la femme.

Les cinq conditions que nous venons d'indiquer étant remplies, devant quel tribunal portera-t-on la cause?

Le tribunal compétent *ratione materiæ* est le tribunal civil.
Mais quel tribunal civil? Est-ce celui du domicile des époux,
ou bien celui de la situation des biens? Celui du domicile des
époux, car il s'agit de sauvegarder les reprises de la femme;
pour cela, une première question se pose qui prime toutes
les autres, celle de l'évaluation de ces reprises. Cette question
est plus importante que celle de l'estimation des immeubles.
M. Persil, qui est fort net sur la question, s'exprime ainsi :
« D'un côté, il semblerait que la demande en réduction dût
» être portée devant le tribunal dans le ressort duquel l'ins-
» cription a été faite. Néanmoins, en y réfléchissant, cette
» décision serait trop onéreuse aux maris, puisqu'elle les
» obligerait à former autant de demandes qu'ils auraient
» d'immeubles situés dans divers arrondissements ; que, d'un

(¹) Thézard, n. 101.
(²) D., 45. 1. 5 sous Cass.

» autre côté, il pourrait arriver que les demandes du mari
» admises devant un tribunal fussent rejetées devant un au-
» tre, ce qui ne laisserait pas de produire un fort mauvais
» effet. On peut enfin argumenter de l'art. 2159, par analogie,
» qui donne compétence pour la réduction au tribunal de la
» situation des immeubles, à moins qu'il ne s'agisse de créan-
» ces éventuelles (ce qui est notre cas) sur l'exécution ou la
» liquidation desquelles le débiteur et le créancier prétendu
» sont en instance, ou doivent être jugés par un autre tribunal ;
» auquel cas la demande en radiation doit y être portée ou ren-
» voyée » (¹). Le tribunal compétent pour l'évaluation des
reprises de la femme est le tribunal du domicile du mari.
La demande sera donc formée devant le tribunal du domicile
du mari (²). C'est d'ailleurs une action personnelle, il faut,
croyons-nous, s'en référer aux règles générales qui établissent ici la compétence du tribunal du domicile et auxquelles
nul texte n'a formellement dérogé (³). Cette solution est aujourd'hui consacrée par une jurisprudence constante.

En quelle forme la demande en réduction sera-t-elle introduite ? La question a longtemps fait et fait encore difficulté.
La grande majorité des auteurs décide qu'il faut procéder
par voie d'assignation. M. Pont (I, n. 563) dit qu'il doit en être
ainsi, parce qu'il y a procédure contentieuse entre le mari et
le procureur de la République. M. Troplong (II, n. 644) et
MM. Aubry et Rau (III, p. 400, § 282, note 10) disent de
même. Mais nous avons, dès le début, dénié le caractère
contentieux à la restriction de l'hypothèque. Pour nous, l'intervention de la justice n'enlève pas à la réduction son carac-

(¹) Persil, II, sur l'art. 2145.
(²) André, *Traité du rég. hyp.*, n. 649 ; Pont, n. 662 ; Baudry-Lacantinerie et de
Loynes, II, n. 1032. — *Contra* Dalloz, *J. G.*, v° *Priv. et hyp.*, n. 2808-2809.
(³) Jouitou, n. 87 *bis*.

tère conventionnel. Du moment qu'il n'y a pas litige, il n'y a pas de motif pour procéder comme en matière contentieuse; il n'y a pas de défendeur que l'on puisse ajourner. La jurisprudence offre d'ailleurs, à cet égard, une évolution curieuse. Après avoir décidé qu'on devrait agir par voie d'assignation, la jurisprudence depuis 1849 [1] admit que l'on pourrait aussi agir par voie de requête et aujourd'hui ce mode de procéder est à peu près seul usité [2]. Il faut aller plus loin encore et dire que la demande de réduction de l'hypothèque légale de la femme doit toujours être introduite par requête [3]. Cette requête est, par ordonnance du président du tribunal, communiquée au procureur de la République, et un juge est commis pour faire un rapport. Au jour fixé, le juge fait son rapport, le ministère public conclut et le tribunal rend son jugement, le tout en Chambre du conseil.

Mais que doit faire le tribunal? Quels sont ses pouvoirs?

Les opinions varient sur ce point, suivant le caractère que l'on attribue à la demande. Pour nous qui y voyons un acte de juridiction gracieuse, nous dirons : le tribunal doit s'assurer que toutes les conditions requises ont été remplies; que l'hypothèque n'a pas été restreinte dans le contrat de mariage; que les immeubles du mari ont une valeur notoirement suffisante; que la femme a consenti, que son consentement n'est pas conditionnel [4]; qu'elle était majeure; que les parents ont été consultés; que l'assemblée de parents a été régulièrement composée et convoquée; en un mot que les droits de la femme sont sauvegardés et que l'esprit de la loi a été respecté aussi bien que son texte.

[1] Grenoble, 7 août 1849, D., 50. 2. 135, D., *Suppl.*, n. 1681.
[2] Cass., 9 mars 1886, et sur renvoi, Agen, 28 déc. 1887, D., 88. 2. 194.
[3] Clément, *Quest. prat.*, n. 38 ; Baudry-Lacantinerie et de Loynes, II, 1033.
[4] Cass., 18 juil. 1893, S., 94. 1. 335.

Dans les limites de ces attributions, le tribunal est libre, il a un pouvoir d'appréciation très large, il peut se faire une opinion comme il l'entend; puis il ordonnera la réduction ou refusera de la prononcer. Ici encore l'intervention de la justice n'enlève pas à l'acte son caractère conventionnel, il en résulte que le tribunal ne peut modifier les accords des époux, et ordonner la réduction sous des conditions autres que celles proposées par la femme, ou, comme le dit fort bien un arrêt de la Chambre civile de la Cour de cassation du 2 juin 1862 (¹) : « Que les tribunaux ne peuvent valablement » prononcer que sur des demandes qui ont été préalablement » acceptées par la femme et soumises au conseil de famille; » — qu'en effet, les tribunaux en cette matière ne sont point » appelés à prononcer dans la plénitude de leur juridiction » sur un conflit qui puisse s'élever entre le mari et la femme, » puisque le concours de leurs volontés que la loi exige avant » tout exclut la possibilité de ce conflit; — que leur juridic- » tion dont l'exercice n'est requis que pour protéger la femme » contre sa faiblesse ou l'influence de son mari, se borne à » vérifier et à reconnaître si les accords intervenus entre le » mari et la femme ne sont point lésifs des droits de celle-ci; » — que dans ce cas les tribunaux ont le droit et le devoir » de rejeter la demande, ou d'exiger un supplément de ga- » rantie; mais qu'ils ne peuvent modifier sur les instances du » mari seul la demande à laquelle la femme a donné son » consentement et substituer aux garanties qu'elle a accep- » tées, d'autres garanties qu'elle n'a pas acceptées et recon- » nues suffisantes ». La décision du tribunal ressemble donc beaucoup à un jugement d'homologation (²). Le tribunal homologue, somme toute, la convention, l'accord intervenu

(¹) D., 62. 1. 358.
(²) Grenoble, 10 janv. 1833, S., 33. 2. 457.

entre le mari et la femme. Il ne faudrait pas dire qu'il homologue l'avis donné par les quatre parents, car celui-ci peut
être défavorable ([1]).

Quelles voies de recours sont possibles contre les jugements en matière de réduction d'hypothèque légale de la
femme mariée?

Nous ne parlerons pas de la tierce opposition, qui ne pourrait jamais être utile et qui pour nous est impossible.

Des deux voies de recours normales : opposition et appel,
la première doit très certainement être écartée. En effet, il
n'y a pas de défaut; bien que les deux parties soient d'accord,
elle sont toutes deux présentes. Reste l'appel.

Tous les auteurs admettent qu'un tel jugement est susceptible d'appel, ils ne discutent même pas la question ([2]). Jusqu'en 1886, il y avait aussi en ce sens une jurisprudence constante. On disait: il y a jugement contradictoire donc il y a lieu
à appel. On discutait seulement pour savoir qui avait le droit
d'interjeter appel; et sur ce second point, auteurs et jurisprudence étaient à peu près d'accord pour accorder ce droit
au mari et au procureur de la République, parce qu'aux termes de l'art. 2145, le jugement est rendu contradictoirement
avec le procureur de la République ([3]).

Pour nous, ces déductions étaient très certainement fausses.
Nous avons dit le rôle que nous attribuions au ministère
public et nous avons fait justice par avance de l'argument
tiré de l'art. 2145. Le droit d'appel, dans tous les cas, n'appartient pas au procureur de la République.

Mais l'appel est-il seulement possible? Non, croyons-nous,
avec la jurisprudence la plus récente. Nous avons indiqué les

[1] Baudry-Lacantinerie et de Loynes, II, n. 1034.
[2] Troplong, II, 644; Aubry et Rau, III, p. 401, n. 282; Pont, I, 565.
[3] V. en sens contraire Grenoble, 18 janvier 1833, S., 33. 2. 547 et Rouen,
16 août 1843, D., 45. 2. 3.

pouvoirs et la mission du tribunal ; il ne statue pas sur un véritable procès, il n'y a pas litige ; il examine, il contrôle, il n'y a pas jugement véritable ; or les jugements véritables sont seuls susceptibles d'acquérir l'autorité de la chose jugée et, l'appel n'étant recevable que contre les jugements qui peuvent acquérir l'autorité de la chose jugée, il est impossible contre le jugement qui prononce sur la demande en restriction de l'hypothèque légale de la femme. C'est ce que dit formellement l'arrêt de Cassation du 6 mars 1886. « Attendu » que les jugements rendus en ce cas ne sont pas susceptibles » d'acquérir l'autorité de la chose jugée, et qu'ils doivent » être considérés comme non avenus lorsqu'ils ont été prononcés sans l'accomplissement des formalités prescrites, ou » sans un consentement valable de la femme ». Nous refusons donc à tous le droit à l'appel parce que le consentement de la femme étant exigé, comme nous l'avons longuement démontré, il n'y a pas (¹) matière litigieuse, il n'y a pas décision rendue en matière contentieuse.

Nous nous trouvons en présence d'une convention, d'un contrat, la maxime : « Voies de nullité n'ont lieu contre les » jugements », ne s'applique pas. La femme pourra, selon le droit commun, saisir les tribunaux d'une action en nullité de la réduction à raison de l'inobservation des formalités présentes par la loi. Cette conclusion, consacrée, nous l'avons vu, par l'arrêt de 1886, avait déjà, chose curieuse, été admise par des cours d'appel et la Cour de cassation, alors que la jurisprudence décidait encore que les jugements qui prononcent la réduction de l'hypothèque légale avaient l'autorité de la chose jugée (²). Mais quelle sera la situation des tiers, ou

(¹) Baudry-Lacantinerie et de Loynes, II, 1034 et 1035.
(²) Cass., 22 juin 1862, D., 62. 1. 358, et sur renvoi Agen, 18 mars 1863. — Cass., 26 avril 1864 et sur renvoi 30 nov. 1864.

plutôt quels seront les effets du jugement qui aura prononcé la restriction? Toute la difficulté vient ici de ce que l'hypothèque légale de la femme, même restreinte, est dispensée d'inscription.

Les tiers qui, sur la foi du jugement, ont acquis des droits sur l'immeuble affranchi, ne pourront tout d'abord jamais être atteints par l'annulation de la réduction. Aussi, croyons-nous, que la femme sera toujours primée par les créanciers inscrits après le jugement qui a statué sur la demande en réduction et avant son annulation, mais non par ceux qu'elle primait auparavant. Si l'hypothèque de la femme avait été inscrite, il faudrait, pour la faire revivre, une inscription en marge de l'inscription restreinte. On procèdera comme l'on procède quand une hypothèque a été radiée en vertu d'un titre postérieurement annulé. D'un autre côté, la restriction de l'hypothèque légale de la femme étant une convention, n'est opposable qu'aux parties contractantes et ne peut préjudicier aux tiers. Si donc la femme avait subrogé quelqu'un à son hypothèque légale avant sa réduction, le subrogé, s'il s'est conformé à la loi de 1855, s'il a publié son hypothèque, pourra atteindre les immeubles affranchis même au préjudice de ceux auxquels le mari les aurait antérieurement affectés, car son droit est antérieur (art. 1165) (¹). Mais les tiers subrogés à l'hypothèque légale de la femme après sa réduction, n'auront de droits que sur les immeubles sur lesquels l'hypothèque a été réduite; et de même que les tiers qui ont traité avec les époux avant la réduction ne peuvent se la voir opposer; de même les tiers qui ont traité avec le mari après la réduction n'ont pas à craindre qu'on leur oppose l'hypothèque légale sur les immeubles affranchis. Peu importe que la sûreté soit devenue insuf-

(¹) Aubry et Rau, III, p. 402, § 282.

fisante, que les immeubles du mari périssent, que la femme acquière de nouvelles reprises. L'hypothèque▸a été réduite, elle ne peut plus recouvrer son ancienne généralité.

Les tiers sont donc pleinement couverts en théorie; ils le sont aussi en pratique, car les tribunaux décident aujourd'hui, d'une façon à peu près unanime, que si toutes les formalités prescrites par la loi ont été respectées, l'acte de restriction judiciaire est parfait et devient inattaquable de la part de la femme, parce que la femme ne peut revenir sur la réduction à laquelle elle a donné son assentiment (¹). Mais il faudrait que le consentement donné par la femme ne fût pas vicié, aussi, ne croyons-nous pas bonne la solution d'un arrêt de la cour de Limoges du 9 mars 1850 qui a décidé que la restriction était définitive, alors que le gage était devenu insuffisant, par suite d'une reprise de la femme qui n'avait pas été indiquée et que même celle-ci ignorait. Le consentement de la femme nous paraît alors entaché d'une erreur substantielle de nature à faire prononcer la nullité de la restriction par elle consentie. Nous voyons donc que, bien que le jugement qui prononce la restriction n'ait pas l'autorité de la chose jugée, l'intervention du tribunal protège suffisamment les tiers (²).

Quant à la femme, quelle est sa situation? Si le tribunal refuse de réduire l'hypothèque alors que toutes les conditions prescrites par la loi se trouvent réunies, le tribunal commet un excès de pouvoir et le ministre de la justice, représenté par le Procureur général près la Cour de cassation, peut déférer sa décision à la Cour suprême. La femme peut encore demander la nullité de la restriction, soit parce que son consentement

---

(¹) Cour de Montpellier, 17 déc. 1851, D., 51. 2. 189. — Cass. req., 6 nov. 1861, D., 61. 1. 84.
(²) Baudry-Lacantinerie et de Loynes, II, 1036.

a été vicié, soit pour inobservation des formes présentées par
les art. 2144 et 2145. Enfin si la réduction est irrévocable
dans les termes que nous venons d'indiquer, c'est-à-dire pour
le passé, à l'égard des tiers acquéreurs et des créanciers hypothécaires du mari, il ne s'ensuit pas que la situation doive
toujours rester la même. Il se peut que les circonstances
changent, que la sûreté devienne insuffisante, il y aura lieu
alors de constituer un supplément d'hypothèque, qui pourrait
aller jusqu'au rétablissement de l'hypothèque générale; ou
bien que le mari hérite d'une succession importante et qu'il
y ait lieu de réduire à nouveau l'hypothèque (¹). Bien qu'irrévocables à l'égard des tiers pour les droits qui leur sont acquis,
les décisions judiciaires qui interviennent n'ont, entre la femme
et le mari, qu'un caractère purement provisoire (²). C'est
d'ailleurs ce qu'ont décidé le tribunal de Rouen le 6 juillet
1840 et la cour de Paris le 10 février 1857 (D., 57. 2. 128). Il
n'y aurait, bien entendu, pas lieu à supplément, si aucune
modification ne s'était produite dans la situation respective
des parties. M. Jouitou exclut seulement cette solution pour
le cas où le supplément serait demandé parce que, par suite
d'une erreur, les reprises de la femme auraient été évaluées à
une somme trop faible (³). Nous nous rangeons volontiers à
son opinion, d'autant plus volontiers, que nous pensons, que
si la femme partageait l'erreur commune, et que cette erreur
fût substantielle, la femme pourrait demander la nullité de
la réduction pour vice du consentement.

Si la réduction a été prononcée par spécialisation et que
l'on ait inscrit l'hypothèque réduite, la nouvelle hypothèque
devra être inscrite. C'est fort naturel. Si le mari a rendu

(¹) Grenier, I, n. 259; Duranton, XV, 259.
(²) Pont, I, n. 557.
(³) Jouitou, n. 95, 101 et 103,

publique la renonciation de la femme à une partie de ses droits, et si la femme prétend assujettir ses immeubles à nouveau, il est juste de rendre publique la résurrection de son droit, suivant les formes de l'accomplissement desquelles la loi fait dépendre la publicité en matière d'hypothèques.

Quid si l'on a procédé par voie d'exclusion et que les registres du conservateur n'en portent pas trace ? M. Persil a à ce sujet une théorie curieuse. Il dit qu'il faut une certaine publicité pour empêcher le mari de tromper les tiers, mais il n'admet pas cependant que la femme puisse être tenue d'inscrire son hypothèque sur l'immeuble nouvellement grevé ([1]). « La loi n'assujettit jamais la femme à prendre des » inscriptions ; vouloir la soumettre à cette formalité pour » une partie de son hypothèque, c'est lui créer des obligations » qui n'existent nulle part ». Pour concilier le tout, il décide que le supplément d'hypothèque doit toujours être judiciairement obtenu ; alors, pense M. Persil, la publicité du jugement qui accroîtra le gage équivaudra à celle de l'acte qui en avait consacré d'abord la restriction. Nous croyons, au contraire, que la femme a modifié sa situation quant à la partie de son hypothèque à laquelle elle a renoncé. Le mari a rendu sa renonciation publique, il est de l'intérêt de la femme comme de celui des tiers de rétablir publiquement l'hypothèque en l'inscrivant ([2]).

A ce détail près, l'hypothèque légale de la femme, bien que réduite, n'en reste pas moins hypothèque légale et continue de jouir de tous les avantages que la loi attache à ce caractère, notamment de la dispense de publicité, sauf si l'on a procédé par spécialisation.

([1]) Persil, I, n. 2140.
([2]) Agen, 16 février 1897, D., 97. 2. 448,

CHAPITRE VII

Nous abordons maintenant la partie la plus difficile peut être de notre étude. Il nous reste, selon l'énergique expression de M. de Belleyme, « à faire sortir des enseignements de la pra-
» tique, les conditions et les règles d'une juridiction créée
» mais non définie par la loi ».

Nous avons, dans notre introduction, indiqué un critérium des actes de juridiction gracieuse. L'étude analytique que nous avons faite de cinq hypothèses nous a permis de le vérifier.

En l'appliquant au point de vue des biens, nous trouvons comme principaux actes de juridiction gracieuse : l'envoi en possession provisoire et définitif des biens des absents (art. 120 et 129 du C. civ.) ; l'envoi en possession des successeurs irréguliers, conjoint survivant et État (C. civ., art. 758, 768, 770 et 773) ; l'autorisation donnée aux tuteurs et représentants des incapables, de consentir l'aliénation des biens soumis à l'expropriation pour cause d'utilité publique (art. 13 de la loi du 3 mai 1841) ; les autorisations demandées par les héritiers bénéficiaires pour consentir certains actes sans être réputés héritiers purs et simples (C. civ., art. 803, 806, 814 ; C. pr. civ., art. 987, 1001 et 1002) ; l'appel interjeté contre la décision d'un juge de paix qui, en cas d'absence ou d'éloignement d'un époux depuis plus d'un an, a refusé à son conjoint l'autorisation de faire à son profit un versement à la caisse des retraites ou rentes viagères pour la vieillesse (Loi

du 20 juillet 1886, art. 13) ; les nominations d'administrateurs spéciaux, etc., etc. C'est-à-dire des actes qu'une jurisprudence constante qualifie d'actes de juridiction gracieuse.

Une difficulté existe pour le privilège du constructeur. On
sait que pour isoler la plus value produite par les constructions nouvelles, l'art. 2103 du C. civ. exige la rédaction de
deux procès-verbaux constatant l'état des biens, le premier
avant, le second après les travaux. Ces procès-verbaux sont,
nous dit le texte, rédigés par un expert « nommé d'office par
» le tribunal ». Tous les auteurs sont d'accord pour dire que cet
expert est nommé sur la demande des parties et *non proprio
motu* par le tribunal. Reste à savoir, si le tribunal peut refuser
de nommer l'expert que les parties lui demandent, ou s'il est
tenu de le nommer sur la simple affirmation d'une des parties
que des travaux vont être commencés. Nous croyons que le tribunal est forcé de nommer un expert, qu'il a seulement le
choix de la personne de celui ci. C'est ce que paraît dire le
texte qui parle d'expert nommé d'office. Il n'y a plus alors
juridiction gracieuse, le tribunal a un rôle purement passif, il
ne peut refuser ce qu'on lui demande. C'est probablement
pour cette raison que la loi belge a confié la nomination de
l'expert, non au tribunal, mais au président du tribunal (¹).

L'énumération que nous donnons n'est aucunement limita-
tive. Nous répétons donc, qu'il y aura juridiction gracieuse
toutes les fois que les parties, bien que d'accord, sont forcées
par un texte de s'adresser à justice et que la justice est libre
d'accorder ou de refuser ce que l'on lui demande.

Cette formule nous simplifie la question de compétence. Si,
en effet, il faut un texte pour constituer la juridiction gracieuse, pour permettre aux parties de s'adresser à justice, ce

(¹) Laurent, XXX, n. 50. — Metz, 7 fév. 1866, D., 66. 2. 31.

texte indiquera en même temps le juge compétent et nous
saurons à qui nous devons nous adresser. Mais pour les tribunaux de première instance dont nous nous occupons spécialement, une précision s'impose. Les tribunaux civils siègent
tantôt en audience publique, tantôt en chambre du conseil.
Est-ce à l'audience, est-ce en chambre du conseil que l'on
devra porter les affaires gracieuses? La question ne laisse pas
d'être délicate. Si, en effet, on se reporte aux textes, l'on constate que pour certains cas : l'adoption (C. civ., art. 355), les
homologations d'avis de parents (C. civ., art. 458), les demandes d'interdiction, de nomination d'un conseil judiciaire (art.
497 et 514 du C. civ., loi du 16 mars 1893), les demandes
de mise en liberté formées par une personne placée dans un
établissement d'aliénés (loi du 30 juin 1838, art. 29), les demandes formées en vue d'obtenir l'autorisation de consentir
amiablement l'aliénation des biens des mineurs interdits,
absents ou autres incapables qui sont sujets à expropriation
pour cause d'utilité publique (loi du 3 mai 1841, art. 13),
par exemple [1] ; la loi prescrit formellement la compétence
de la Chambre du conseil; et que, pour d'autres : rectification
des actes de l'état civil (C. civ., art. 99, C. pr. civ., art. 855, loi
du 25 mars 1817, art. 75), l'envoi en possession des successeurs irréguliers (C. civ., art. 770), des biens des absents (C.
civ., art. 120, 129), etc., la loi permet simplement de saisir le
tribunal. Qui sera alors compétent? Le Tribunal ou la Chambre
du conseil?

Berriat Saint-Prix [2] soutient que la juridiction de la Chambre du conseil est exceptionnelle et que, à moins d'un texte
formel, aucune affaire ne peut être portée devant elle. Nous

[1] Garsonnet, VII, p. 216.
[2] C. de pr. civ., I, p. 28.

croyons qu'il y a là une erreur, et qu'en matière gracieuse la
Chambre du conseil est toujours exclusivement compétente.
La Chambre du conseil est, par rapport au tribunal, une
juridiction d'exception, dit M. Berriat Saint-Prix. Oui, mais
seulement en matière contentieuse. Qui dit juridiction d'exception suppose nécessairement une juridiction générale, une
juridiction de droit commun à laquelle on devra s'adresser
faute de textes. Or, où trouverons-nous cette juridiction générale en matière gracieuse ? Ce ne peut être évidemment le
tribunal de première instance statuant au contentieux, qui ne
peut, en aucun cas, être saisi de la connaissance des matières
gracieuses. On se trouvera alors dans la situation suivante :
la Chambre du conseil est la seule juridiction en matière
gracieuse, et lorsque l'attribution de compétence ne sera pas
faite par un texte, il n'y aura que deux partis à prendre :
1° laisser cette difficulté sans solution et les intérêts en jeu
sans protection ; 2° déférer la demande à la Chambre du conseil qui ne pourra refuser de statuer par le seul motif que sa
compétence n'est reconnue par aucun texte sans violer l'art. 4
du C. civ. aux termes duquel : « Le juge qui refusera de ju-
» ger sous prétexte du silence, de l'obscurité, ou de l'insuffi-
» sance de la loi, pourra être poursuivi comme coupable de
» déni de justice ».

Cette dernière solution doit forcément être suivie, car il
s'agit de protéger des incapables ; l'utilité devient ici une raison souveraine et l'intérêt du demandeur n'est en présence
d'aucun intérêt privé pouvant être admis à contredire ; le tribunal n'ayant à remplir qu'un rôle de surveillance et de protection. Elle doit être suivie d'autant plus certainement que
c'était la solution admise par notre ancienne jurisprudence,
et que si les rédacteurs de nos codes avaient voulu innover
en la matière, ils s'en seraient forcément expliqués. Donc, à

condition qu'un acte constitue un acte de juridiction gracieuse la Chambre du conseil est compétente.

La nature des affaires gracieuses ne peut comporter les délais et les lentes formalités de la procédure ordinaire, il leur faut une procédure spéciale. Cette procédure, si elle n'est exposée nulle part d'une façon générale, est, croyons-nous, suffisamment définie par les indications données pour chaque espèce.

La demande doit être formée par une requête. Cela résulte de tous les textes qui établissent la juridiction gracieuse, tous prescrivent de saisir le tribunal par requête. La requête est écrite sur papier timbré. Elle doit être présentée au Président du tribunal et non à la Chambre du conseil, c'est du moins ce que disent les art. 855, 863, 864, 986 et 987 du C. pr. civ. La pratique est constante en ce sens. On retrouve dans ce mode de procéder la trace de notre ancienne organisation judiciaire, qui conférait au lieutenant civil le droit de statuer sur toutes les affaires gracieuses. La requête doit-elle être signée d'un avoué? Non, répondent certains auteurs (1), il s'agit d'une procédure expéditive et peu coûteuse, la partie doit pouvoir signer elle-même. En pratique, il en est autrement, le ministère des avoués est obligatoire. Cette pratique est bonne, croyons-nous, car elle facilite le travail de la Chambre du conseil; elle est confirmée par les art. 77 et 78 du tarif du 16 février 1807 qui fixent le coût de la présentation des requêtes à la Chambre du conseil.

Sur cette requête le président du tribunal rend une ordonnance qui ordonne la communication des pièces au ministère public et commet un juge pour faire un rapport. La communication au ministère public est ordonnée par la plupart des

_____

(1) Chauveau sur Carré, art. 861, quest. 2920 et 2922.

textes en matière gracieuse. D'ailleurs, la plupart des affaires gracieuses concernent des incapables et doivent être communiquées au ministère public aux termes de l'art. 83 C. pr.

Quant au rapport, on a beaucoup discuté sur la nécessité de cette formalité que la loi ne prescrit que dans certaines hypothèses spéciales. De nombreux auteurs ont soutenu que les règles générales posées par la loi en matière contentieuse quant à la procédure et aux formalités, sont applicables tant qu'un texte exprès n'y a pas dérogé, et que, par conséquent, il n'y a lieu à rapport que dans les cas prévus par la loi. Nous croyons, au contraire, que le rapport, qui n'est utile qu'exceptionnellement dans les affaires contentieuses, devient nécessaire dans les affaires qui se produisent sur requête et par conséquent sans contradiction possible des tiers intéressés. « Lorsque la Chambre du conseil est saisie par requête, elle » se trouve en présence d'un intérêt unique, naturellement » disposé à laisser dans l'ombre les faits et les circonstances » de nature à faire obstacle à l'admission de la demande. On » comprend dès lors, que si en matière contentieuse le rapport » est l'exception, en matière gracieuse il soit la règle. Dans » ces matières, en effet, en l'absence d'un contradicteur, il est » utile qu'un magistrat soit spécialement chargé de recher- » cher les motifs de contradiction qui peuvent exister » (¹). Le président qui ordonne le rapport, ne fait donc, croyons-nous, que se conformer sinon au texte du moins à l'esprit de la loi. Cependant, en pratique, une procédure ne serait pas nulle par cela seul qu'il n'y aurait pas eu de rapporteur nommé. Le rapport sera toujours présenté en Chambre du conseil, alors même que la décision devrait être rendue en audience publique, car pour toutes les affaires gracieuses, la

(¹) Bertin, *Chambre du conseil*, I, n. 34.

publicité est inutile et même nuisible. On objecte vainement l'art. 111 du C. pr., aux termes duquel tous les rapports, même ceux sur délibéré, doivent être faits à l'audience, car il parle d'affaires contentieuses pour lesquelles la publicité est la règle, or ici la publicité est l'exception.

La partie qui a présenté la requête, peut fournir des explications à l'audience, soit en personne, soit par le ministère d'un avoué, soit par celui d'un avocat. Les parties ont en effet toujours le droit, sauf les exceptions déterminées par la loi (877 C. Pr. civ.), de faire présenter leurs motifs par un avocat ou par un avoué; et pour les affaires gracieuses il n'y a pas de texte (¹).

Le ministère public doit ensuite conclure; ses conclusions sont-elles données en Chambre du conseil ou à l'audience? A l'audience, a-t-on dit, en se fondant sur l'art. 112 du Code de procédure, et pendant longtemps à Paris les conclusions du ministère public ont été données à l'audience. Mais on peut répéter de l'art. 112 ce que nous avons dit de l'art. 111. La loi veut soustraire à la connaissance du public les débats et les explications que les affaires gracieuses comportent; elles sont trop intimement liées à la vie des familles. Ce but sera atteint alors même que la décision est rendue en audience publique, car la décision ne contiendra aucune mention des faits que le public doit ignorer. Mais, pour le Ministère public, de deux choses l'une : « ou bien ses conclusions reproduiront les détails » de l'affaire, les difficultés auxquelles elle a donné lieu, les » explications qui ont été produites, ou elles garderont le » silence sur ces différents points. Dans le dernier cas, à quoi » peut servir la publicité, si le public ne doit rien apprendre » de l'affaire qu'on est censé lui exposer? Dans le premier,

---

(¹) Demolombe, IV, n. 225.

» la loi aurait été, il faut le reconnaître, bien inconséquente,
» si, après avoir entouré d'ombre et de mystère l'instruction
» des affaires de la Chambre du conseil, elle avait, par la publi-
» cité des conclusions du Ministère public, rendu publique
» cette instruction elle-même » ([1]). Il faudrait, dans l'opinion
inverse, que le ministère public reproduisît et discutât à l'audience un débat dont la loi interdit la publicité, ce serait évidemment absurde. Les conclusions du ministère public doivent donc être données en Chambre du conseil ; tout se passe
en Chambre du conseil et la cour de Toulouse en a tiré cette
conséquence à laquelle nous souscrivons bien volontiers : 1°
qu'il est interdit de divulguer à quelque fin que ce soit ce
qui s'est dit et fait en Chambre du conseil et d'en faire état
sous aucun prétexte ; 2° que par ce motif, et aussi en vertu du
principe de la liberté de la défense, aucune action en diffa-
mation ne peut être intentée à raison des écrits produits ou
des plaidoyers prononcés en Chambre du conseil ([2]).

Le tribunal va alors rendre sa décision et ici encore la
question de publicité ou de non publicité se pose. On dit
l'art. 14 de la loi du 16 août 1790 exige, à peine de nullité, que
les jugements soient rendus en audience publique ; la loi
ayant qualifié de jugement la décision rendue sur requête par
la Chambre du conseil, la règle de la publicité doit être respectée. Mais la règle de la publicité n'a été prescrite que pour
les cas où il y a un jugement véritable, pour les cas où l'on
statue sur un litige, où l'on tranche un procès. Il faut en effet,
pour que la justice soit respectée, que tous puissent connaître
la solution donnée au différend, ses motifs, et apprécier le
point de savoir si le plateau de la justice s'est abaissé du côté
où était vraiment le droit. D'ailleurs nulle part la loi n'a

([1]) Bertin, *loc. cit.*, I, 40.
  Toulouse, 21 juil. 1885, D., 86. 2. 275.

prescrit d'une façon générale la publicité des décisions rendues sur requête par la Chambre du conseil. Sur requête, la Chambre du conseil ne juge pas, et si à défaut d'autre terme précis ses décisions sont qualifiées de jugements, pourquoi jouer sur les mots et en tirer des conséquences outrées? Si nous nous reportons aux textes, nous voyons que parfois ils prescrivent la non publicité (art. 861 C. pr. civ.), que dans d'autre cas, au contraire, ils exigent le jugement à l'audience (art. 997 C. pr. civ.). Où est la règle ? où est l'exception ? Puisque les textes ne nous fournissent aucune précision, nous devons suivre les principes logiques et les règles de notre ancienne jurisprudence. Or, en principe il est certain que la publicité est inutile en matière gracieuse, et notre ancienne jurisprudence l'écartait avec raison. Nous concluons donc, puisque nos Codes n'ont pas forméllement innové sur ce point : que la décision en matière gracieuse doit; à moins de texte spécial, être rendue en Chambre du conseil, et c'est ce qu'a décidé, sur les conclusions de M. Nicias-Gaillard, avocat général, la Chambre civile de la Cour de cassation les 6 et 19 février 1856 (¹).

La décision une fois rendue, il n'y a pas lieu de la signifier, tout le monde est d'accord sur ce point. La signification est impossible parceque la décision intervenant sur requête et sans contradicteur, à qui pourrait-on adresser la signification ? Au surplus, la question a été tranchée en ce sens par un jugement du tribunal de la Seine, le 28 mars 1838. Le tribunal a décidé qu'un jugement ayant été rendu sur une liquidation où des tiers étaient intéressés, et ayant attribué des actions à divers héritiers qui demandaient que ces actions fussent placées en leur nom, la Banque de France n'était pas rece-

---

(¹) Bertin, I, n. 47.

vable à se refuser au transfert, tant que le jugement d'homologation ne lui aurait pas été signifié (¹).

Telle est la procédure qui doit, croyons-nous, être toujours
suivie en matière gracieuse et qui, d'ailleurs, est généralement
suivie en pratique. Malheureusement, aucune loi n'en formule
les règles d'une façon générale. Il en résulte que le Président
nommera ou ne nommera pas un rapporteur, le Ministère
public donnera ses conclusions soit en Chambre du conseil,
soit à l'audience, la décision sera publique ou secrète au gré
des magistrats appelés à statuer; en l'absence de texte, les
tribunaux se refusant à prononcer la nullité des procédures.
Il serait donc à désirer que le législateur intervînt pour mettre fin, ne fût-ce qu'à la possibilité d'un pareil état de choses.

Une fois la décision rendue, une question se pose. Qu'est-ce
que cette décision ? que vaut-elle ? quelle autorité a-t-elle ?
de quelles voies de recours est-elle susceptible? Nous avons
déjà indiqué nos tendances dans les questions d'espèce que
nous avons examinées. Nous croyons que les solutions que
nous avons obtenues peuvent être appliquées d'une façon
générale, nous n'en voulons d'autre preuve que l'évolution
curieuse subie par la jurisprudence et qu'il est indispensable
de retracer ici à grands traits.

A l'origine, au moment de la rédaction de nos codes, on ne
tenta même pas de formuler une théorie générale de la juridiction gracieuse. Nous avons dit pourquoi dans notre introduction. Les premiers commentateurs du code civil, Merlin
entre autres, encore imbus des souvenirs du droit romain, en
parlent à l'occasion de l'émancipation et de l'adoption, mais
sans insister. En pratique, personne n'y pense. A peine le

( ) Le jugement cité a été réformé par arrêt de la cour de Paris du 10 août 1838,
S., 38. 2. 425, non parcequ'il était contraire aux principes, mais parcequ'il s'agissait d'une homologation contentieuse. Aussi, à notre point de vue, le jugement du
tribunal est intact.

principe de la séparation des pouvoirs a-t-il été formulé par l'assemblée constituante de 1789, que déjà il a été modifié, dénaturé ; que déjà, pour les magistrats eux-mêmes, l'autorité judiciaire n'est plus que le pouvoir qui juge. Toute intervention de l'autorité judiciaire constitue un jugement, les décisions rendues en matière gracieuse ont exactement la même autorité que celles rendues au contentieux. L'autorité de la chose jugée paraît alors attachée moins à la nature de la chose décidée qu'au seul fait que le tribunal a été saisi et a statué. En pratique, la juridiction gracieuse n'existe pas. C'est seulement peu à peu que sa notion va naître et grandir ; c'est peu à peu, que, frappés de la gêne que l'autorité de la chose jugée produira dans certaines espèces, les tribunaux, cherchant un moyen de l'écarter, examineront la nature de la décision du tribunal, verront qu'il y a là autre chose qu'un jugement, décideront qu'il n'y a pas chose jugée. Et c'est ainsi, sous l'empire de nécessités de fait, que s'est formée la liste des actes que nous considérons aujourd'hui comme actes de juridiction gracieuse.

La première décision que nous trouvions est un arrêt de la Cour de cassation du 18 juillet 1826 (S., 27. 1. 57), relatif à l'homologation des délibérations de conseil de famille, elle dit que ces homologations ne constituent pas un jugement véritable mais un acte de juridiction gracieuse. Un arrêt de la Cour d'Aix du 3 février 1833 (S., 33. 2. 307), en conclut que c'est par voie d'action principale et non par voie d'appel qu'il faut faire prononcer la nullité d'une délibération de conseil de famille homologuée autorisant une transaction au nom d'un mineur. La chose est confirmée par un arrêt de cassation du 17 décembre 1849 (S., 50. 1. 99). Le 3 décembre 1834 (S., 35. 1. 230), la Cour de cassation décide que l'envoi en possession des biens d'un absent, fait sur requête, n'a pas l'autorité de la chose jugée, que l'affaire peut être portée à nouveau devant le tribunal et que celui-ci, lorsque l'on procèdera devant lui par la voie contentieuse, peut rétracter le jugement par lui rendu ([1]). En 1838 (11 juin, S., 38. 1. 835), la Cour suprême décide encore que le jugement homologuant une liquidation sans que des contestations se soient élevées entre les copartageants, n'a pas l'autorité de la chose jugée. Enfin la Cour de Caen le 8 décembre 1837, dit de même en matière d'autorisation d'aliéner les immeubles dotaux (S., 29. 2. 186), mais sur ce point dès 1842 (12 juin 1842, S., 42. 2. 462), la Cour de Caen elle-même revient sur les termes généraux de l'arrêt par elle rendu et pose les bases de la distinction bien connue en la matière, entre l'erreur de fait et l'erreur de droit.

Si donc nous nous plaçons vers 1850, que voyons-nous? Un certain nombre de décisions : homologation d'avis de parents, envoi en possession de biens d'absents, aliénation d'immeubles dotaux, homologation de partage, etc..., qui constituent la juridiction gracieuse des tribunaux civils. Toutes ces décisions ont un caractère commun, elles ne constituent pas un jugement véritable, elles n'ont pas l'autorité de la chose jugée. Mais si sur ce principe on est d'accord, l'on n'en tire pas encore toutes les conséquences logiques qu'il comporte. L'on admet bien que ces décisions peuvent être révoquées par le tribunal qui les a rendues lorsque l'on s'adresse à lui par la voie contentieuse; qu'elles n'ajoutent à l'acte qu'elles autorisent aucune autorité nouvelle et que l'action en nullité est recevable contre lui. Mais l'on ne discute pas encore, sauf peut-être pour les jugements d'homologation d'avis de parents ([2]), la recevabilité de l'opposition de l'appel, de la tierce opposition et du pourvoi en cassation. Celui qui s'est

[1] Cass., 18 janvier 1850, S., 51. 2. 533.
[2] Turin, 29 juil. 1809, S., 10. 2. 225. — Aix, 3 fév. 1832, S., 33. 2. 307.

vu, par exemple, refuser un envoi en possession par le tribunal peut, sans difficulté, s'adresser à la cour pour l'obtenir,
et nous avons ce curieux spectacle, de jugements qui ne sont
pas des jugements véritables puisqu'ils n'ont pas l'autorité
de la chose jugée, et qui pourtant peuvent être attaqués par
les voies de recours que les codes édictent contre les décisions judiciaires susceptibles d'acquérir l'autorité de chose
jugée. Ce système qui nous semble anormal était même si
reçu en pratique, que, lors de la révision du Code de commerce en 1838, l'on remania les art. 518 et 519, relatifs au
concordat, en ce sens, et que l'art. 518 parle d'actions en nullité recevables contre un concordat homologué, alors que
l'art. 519 parle du jugement d'homologation passé en force
de chose jugée.

En Après 1850, il y a tout d'abord un arrêt et même un léger
mouvement de recul dans l'évolution de la jurisprudence sur
les actes de juridiction gracieuse. De 1850 à 1860, la distinction créée par la Cour de Caen entre l'erreur de droit et l'erreur de fait en matière d'aliénation d'immeubles dotaux, se
précise de plus en plus (¹); aucun acte nouveau n'est ajouté
à ceux qui existaient déjà et l'arrêt de 1838 qui avait fait des
homologations de liquidation non contestées un acte de juridiction gracieuse, est contredit à plusieurs reprises.

En 1862, l'évolution va au contraire reprendre et s'accen-
tuer. Le 22 juin 1862, la Cour de cassation autorise l'action
en nullité pour défaut de consentement de la femme et inobservation des formes de l'art. 2144, contre la restriction de
l'hypothèque légale de la femme mariée, et, le 26 avril 1864,
elle casse un arrêt qui avait rejeté l'action en nullité (D., 62.
1. 358, D., 64. 1. 185) (²). Elle décide aussi que le jugement

(¹) Lyon, 31 janv. 1872, D., 74. 2. 43. — Cass., 7 janv. 1878, S., 79. 1. 13.
(²) Cass., 9 mars 1886, et s. renvoi, Agen, 22 déc. 1887, D., 88. 2. 194.

d'adoption n'a pas l'autorité de la chose jugée (Cass., 17 mai
1868, S., 68. 1. 338. — Cass., 20 juillet 1887, D., 88. 1. 17).
Pour l'autorisation de femme mariée que l'on avait toujours
jusqu'alors considérée comme une procédure contentieuse,
une précision apparaît, l'on commence à distinguer entre
l'autorisation demandée au refus du mari et celle demandée
sur requête quand il est absent ou incapable (Paris, 1er mars
1877, D., 78. 2. 130. — Cass. req., 1er avril 1878, D., 79. 1.
257). Cette distinction aboutira à l'arrêt de la Cour de Lyon
du 19 mai 1883 (D., 85. 2. 187), qui décide que les jugements
d'autorisation de femme mariée sur requête, sont des actes de
juridiction gracieuse et n'ont pas l'autorité de la chose jugée.
Pour l'aliénation des immeubles dotaux, une transformation
plus curieuse encore s'opère : la nouvelle notion de l'erreur
de droit formulée par la Cour de cassation le 27 novembre
1883, le 25 janvier 1887 et le 11 décembre 1895 (D., 85. 1.
39, 87. 1. 373, 96. 1. 468), rend la distinction entre l'erreur de fait et l'erreur de droit de plus en plus difficile à
faire, à tel point qu'elle n'existe véritablement plus, ou tout
au moins n'a plus raison d'être. Trois arrêts de la Cour de
Dijon du 18 décembre 1893 (D., 94. 2. 389), de la Cour de
Douai du 8 mai 1895 (D., 97. 2. 190) et de la Cour de cassation du 3 mai 1897 (D., 97. 1. 124), reviennent enfin à la
théorie formulée par l'arrêt du 11 juin 1838 en matière d'homologation de partage.

Donc, à un premier point de vue, la notion de juridiction
gracieuse s'est étendue, elle comprend un plus grand nombre d'actes, et à tous ces actes une jurisprudence constante
refuse l'autorité de la chose jugée. D'un autre côté, de ce
qu'il n'y a pas chose jugée, on commence à conclure, et cela
tout d'abord en matière d'homologation, d'avis de parents,
que l'appel n'est pas recevable. (Cass., 10 juin 1874, D., 75.

1. 309). Cette solution s'étend bientôt aux autres espèces (Bruxelles, 14 avril 1888, *Pandectes françaises, v° Mariage*). Un arrêt de la Cour de Bordeaux du 22 février 1888 (D., 90. 2. 74), écarte aussi la tierce opposition. Enfin les auteurs commencent, à l'occasion du jugement d'adoption, à discuter la recevabilité du pourvoi en cassation. Mais trompée peut-être par un excès de logique, la jurisprudence voyant qu'en raison l'appel devait être refusé contre les jugements d'expédient, leur dénia l'autorité de chose jugée. (Toulouse, 21 janv. 1886, D., 86. 2. 73). Fort heureusement la Cour suprême s'est depuis lors aperçue de l'erreur commise, et a, dans un arrêt du 10 juillet 1895 (S., 97. 2. 132), reconnu l'autorité de la chose jugée aux jugements d'expédient, l'appel étant seulement irrecevable par suite de l'acquiescement que les parties ont donné au jugement par leur accord.

Au terme de cette évolution, on voit bien à quoi tend la jurisprudence. Il est un fait acquis, nous l'avons déjà dit et nous le répétons : la décision gracieuse du tribunal n'a pas l'autorité de la chose jugée. Autoriser une femme mariée à aliéner un immeuble dotal, ce n'est pas juger entre parties adverses sur des prétentions opposées. L'autorité de chose jugée qui s'explique en matière contentieuse par l'intérêt qu'il y a à mettre fin aux procès, n'a plus ici de raison d'être, du moment où il n'y a pas de procès. Le tribunal exerce une sorte de tutelle judiciaire, il habilite simplement un incapable à passer un acte, pour lequel des considérations tirées de l'intérêt des familles et de l'ordre public ont fait exiger l'intervention de l'autorité judiciaire. Jamais, en matière gracieuse, la décision du tribunal ne contient un ordre, jamais elle ne porte directement atteinte aux droits des tiers ([1]). La

---

([1]) Garsonnet, VII, p. 214.

décision du tribunal n'est en somme qu'une formalité, qu'une condition mise par la loi à l'exercice de certains droits. En réalité, il y a deux choses distinctes : la décision du tribunal et l'acte, le contrat passé en vertu de cette décision. L'acte ne peut avoir lieu sans l'assentiment du tribunal, mais d'un autre côté, cette approbation de justice ne donne à l'acte aucune force nouvelle, ne lui enlève pas son caractère de convention, de contrat, ne couvre pas les actions en nullité qui pourraient exister contre lui.

De cette nature de la décision gracieuse résultent de nombreuses et importantes conséquences.

Elle nous permet tout d'abord de déterminer la mission du tribunal et l'étendue de ses pouvoirs. Le tribunal saisi, se trouve avoir le choix entre deux solutions extrêmes : donner l'autorisation, l'approbation que l'on sollicite de lui, ou bien la refuser. Jamais il ne pourra faire autre chose, à moins qu'un texte formel, comme en matière de vente de biens de mineurs, ne lui donne ce pouvoir dans une certaine mesure. Ce que le tribunal doit autoriser c'est l'acte qu'on lui demande dans les conditions où on le lui demande ; s'il décidait autre chose, sa décision ne répondrait à rien, serait un refus déguisé, un refus tacite ; or les décisions des tribunaux doivent toujours être expresses. Dans ces limites, pour remplir efficacement le rôle que la loi lui confie, le tribunal aura une très grande liberté d'appréciation.

De la nature de la juridiction gracieuse découle une seconde conséquence. Les actes de juridiction gracieuse ne sont pas des jugements, ils n'engendrent donc pas l'hypothèque judiciaire [1]. Ils ne contiennent condamnation à l'exécution d'aucune obligation, on ne conçoit donc pas l'utilité de l'hypothèque judiciaire. D'ailleurs la chose est confirmée par les

[1] Baudry-Lacantinerie et de Loynes, II, p. 288,

travaux préparatoires du code et la loi du 30 juin 1838. Le projet de code mentionnait en effet comme source de l'hypothèque judiciaire : « les jugements qui établissent des gar- » diens, des séquestres, ou des cautions judiciaires ». Ce membre de phrase a disparu dans la rédaction définitive ; donc ces jugements ne doivent pas produire l'hypothèque judiciaire. Quant à l'art. 24 de la loi du 30 juin 1838, il permet au tribunal d'établir jusqu'à concurrence d'une somme déterminée, une hypothèque générale ou spéciale sur les biens de l'administrateur qu'il nomme à la personne non interdite, placée dans un établissement d'aliénés. C'est une disposition de faveur pour l'aliéné, elle ne saurait se comprendre si la règle était que le jugement qui nomme un administrateur de la fortune d'autrui emportait hypothèque générale sur les biens de l'administrateur.

Les actes de juridiction gracieuse ne sont pas des jugements, donc les personnes qui y auront été parties ne pourront se pourvoir contre eux par les voies de recours que la loi ouvre contre les jugements. On conçoit que celui qui a été condamné par défaut fasse opposition au jugement qui a été prononcé contre lui, que le tiers qui aurait pu être mis en cause mais n'a pas été appelé soit recevable à former tierce opposition, que le droit à l'appel et au pourvoi en cassation soit reconnu au profit de celui dont les prétentions ont été repoussées par le Tribunal ou la Cour ; on ne peut concevoir que l'on puisse se pourvoir contre des décisions qui ne portent aucune atteinte aux droits des parties.

Les décisions en matière gracieuse ne sont que des actes de tutelle et d'administration judiciaire, elles pourront donc être rapportées par les tribunaux qui les ont rendues si les circonstances qui les ont motivées ont changé [1]. Il serait, en

[1] Trib. de la Seine, 15 mars 1845. — Bertin, I, n. 27.

effet, peu logique que ces décisions exigées dans le seul intérêt des mineurs pussent leur causer un préjudice et, dussent
s'exécuter quoi qu'il pût en résulter. Quant aux tiers, ces décisions laissent leurs droits intacts et, comme le dit M. Garsonnet (¹) : « Ils ne peuvent faute d'intérêt et faute d'être
» dans les conditions voulues, user contre elles d'aucune voie
» de recours, ordinaire ou extraordinaire ; n'ayant pas été
» parties au procès, ils ne peuvent interjeter appel ; n'ayant
» pas été assignés, ils n'ont pu faire défaut et n'ont, par con-
» séquent, pas le droit de former opposition ; n'étant pas
» lésés par la décision rendue, ils n'ont pas qualité pour y
» faire tierce opposition ; ils ne peuvent enfin, par toutes ces
» raisons, se pourvoir en cassation contre elles ».

Lors donc que, soit les tiers, soit les parties voudront se
pourvoir contre les décisions rendues en matière gracieuse,
qu'ils croient leur être préjudiciables, ils devront agir par
voie d'action principale en nullité contre l'acte que la décision a autorisé ou permis de passer, et, dans cette action qui
dure pendant trente ans, ils ne pourront être arrêtés par la
maxime « Voies de nullité n'ont lieu contre les jugements » ;
car l'on ne se trouve pas en présence d'un véritable jugement, mais seulement d'un acte judiciaire. Cette action en
nullité est la seule voie de recours ouverte aux tiers intéressés, car avant la décision du tribunal, leur intérêt ne pouvait
se produire par voie d'intervention. La Chambre du conseil,
si une intervention se produit, doit la déclarer non recevable
et mal fondée (Cass., 10 juin 1874, D., 75. 1. 309). Les tiers
trouvent une garantie suffisante de leurs intérêts dans la faculté qui leur est donnée de s'adresser par voie d'assignation
à la juridiction ordinaire du tribunal et en cas d'urgence à

(¹) Garsonnet, VII, p. 223.

celle du juge des référés, qui ont le pouvoir d'apprécier au contentieux ce qui a été apprécié provisoirement et conditionnellement par la juridiction gracieuse de la Chambre du conseil.

Enfin, bien qu'il n'y ait pas jugement, il y a un acte judiciaire et le ministre de la justice représenté par le Procureur général près la Cour de cassation, pourra le déférer au contrôle de la Cour suprême. Si nos législateurs ont eu confiance en la sagesse des magistrats français, ils ont voulu cependant faire respecter l'unité de la législation qu'ils avaient établie, et dans l'intérêt de la loi, pour éviter que son sens ne fût dénaturé par les juges chargés de l'appliquer et de l'interpréter, ils ont créé cette voie de recours extraordinaire.

Telle est en somme l'idée que nous nous faisons de la juridiction gracieuse des tribunaux civils. Nous y voyons des décisions insusceptibles de recours, ou à peu près, des décisions qui ne lient en rien soit le demandeur, qui, débouté de sa demande, pourra toujours en former une autre, soit les tiers, qui peuvent, sans avoir même besoin d'y former tierce opposition, considérer ces décisions comme inexistantes en ce qui les concerne.

Mais ici nous voyons poindre une objection. L'on s'étonnera de voir des décisions qui, d'une part, lorsqu'elles admettent la demande, n'ont qu'une autorité toute relative, alors que, si elles déboutent le demandeur, elles auront, en fait, contre lui une autorité absolue puisqu'il n'a aucun moyen de se pourvoir contre elles et qu'il n'a d'autre ressource que de former une nouvelle demande. L'objection ne nous paraît pas sérieuse; nous voyons dans cette autorité différente de sa décision, une conséquence toute naturelle du rôle du tribunal en matière gracieuse et de la nature de sa décision dans les termes par nous indiqués. Le tribunal remplit un rôle de tutelle,

sa décision devra avoir une autorité équivalente à la mani-
festation de volonté d'un tuteur. Et de même que si le tuteur refuse d'accomplir un acte pour son pupille, personne
ne l'y pourra contraindre ; que sa volonté sera souveraine ; de
même le refus du tribunal, sauf dans le cas où il viole une
loi, ce qui ouvre contre lui le pourvoi en cassation, doit être
souverain. Ce droit de veto est la raison d'être de son intervention.

Nous en avons fini.

En terminant, il nous reste seulement à indiquer une généralisation dont la théorie que nous avons formulée nous semble susceptible. Nous voyons dans la juridiction gracieuse
une conséquence du principe de la séparation des pouvoirs ;
nous devons donc retrouver en droit administratif quelque
chose d'analogue, car de même que la protection des intérêts
individuels des incapables appartient à l'autorité judiciaire,
de même l'autorité administrative doit avoir la tutelle de
certains intérêts généraux. En pratique, il arrive fréquem-
ment que la loi subordonne la possibilité d'accomplir un acte
à une autorisation administrative. Par exemple, l'art. 11 de la
loi du 8 avril 1898, pour sauvegarder les droits des riverains,
décide qu'aucun barrage, aucun ouvrage destiné à l'établissement d'une prise d'eau ou d'une usine ne peut être entre-
pris sur un cours d'eau non navigable et non flottable sans
une autorisation de l'administration. Et cette décision de
l'administration, réserves faites du caractère spécial qu'elle
présente comme acte administratif, ressemble beaucoup aux
actes de juridiction gracieuse, tels que nous les avons définis.
Les art. 13 et 14 de la loi disent en effet qu'elle est révocable.
Elle ne peut, d'autre part, préjudicier aux droits des tiers
(art. 17), qui, s'ils sont lésés, peuvent assigner celui qui a
obtenu l'autorisation administrative devant les tribunaux judi-

ciaires, et les tribunaux saisis pourront même ordonner la suppression du barrage ou de l'ouvrage autorisé.

Il y aurait là une étude intéressante qui pourrait servir de confirmation au travail que nous avons fait.

On se rend compte de l'étendue et de l'importance de la juridiction gracieuse dont on ne s'est pas encore assez occupé. Il serait utile, croyons-nous, de donner à la Chambre du conseil, seule juridiction en matière gracieuse, une existence propre, indépendante de celle du Tribunal lui-même, de fixer la procédure à suivre devant elle, et de faire cesser la confusion qui existe dans les textes, entre les deux assemblées.

Cette réforme toute simple, en précisant la distinction du gracieux et du contentieux, faciliterait singulièrement la tâche de nos magistrats.

Vu : *Le Président de la thèse,*   Vu : *Le Doyen,*
    P. DE LOYNES.   BAUDRY-LACANTINERIE.

VU ET PERMIS D'IMPRIMER :

Bordeaux, le 24 mai 1898.

Le Recteur,

A. COUAT.

Les visas exigés par les règlements ne sont donnés qu'au point de vue de l'ordre public et des bonnes mœurs (Délibération de la Faculté du 12 août 1879).

BIBLIOGRAPHIE

ALLEMAND. — Traité du mariage et de ses effets. Paris, 1853.

ANDRÉ. — Traité pratique du régime hypothécaire. Paris, 1886.

ARGENTRÉ (d'). — Commentarii in consuetudines ducatus Britaniæ. Paris, 1621.

AUBRY et RAU. — Cours de droit civil français. 4e éd. Paris, 1860-1879 et 5e éd., t. I. Paris, 1897.

BARTOLE. — Omnia quæ extant opera. Venetiis, 1602.

BAUDRY-LACANTINERIE. — Précis de droit civil. Paris, 1895.

    »   » et WAHL. — Des successions. Paris, 1895.

    »   » et DE LOYNES. — Du nantissement, des privilèges et hypothèques et de l'expropriation forcée. Paris, 1895-96.

BELLOT DES MINIÈRES. — Régime dotal et communauté d'acquêts. Paris, 1853.

BERRIAT-SAINT-PRIX. — Cours de procédure civile. Paris, 1855.

BERTIN. — La Chambre du conseil (éd. Bloch et Breuillac). Paris, 1894.

BESSON. — Les livres fonciers et la réforme hypothécaire. Paris, 1891.

BIOCHE. — Dictionnaire de procédure civile et commerciale. Paris, 1866.

BOITARD, COLMET DAAGE et GLASSON. — Leçons de procédure. Paris, 1885.

BOUCHER D'ARGIS sur BRETONNIER. — Recueil des principales questions de droit. Paris, 1742.

BOULANGER et DE RECY. — Traité théorique et pratique des radiations hypothécaires. Paris, 1886.

GARRÉ et CHAUVEAU. — Lois de la procédure civile et administrative. Paris, 1862-73.

CLÉMENT. — Questions pratiques sur l'hypothèque légale de la femme mariée. Arras, 1881.

CRÉPON. — Du pourvoi en cassation en matière civile. Paris, 1892.

CUBAIN. — Traité des droits des femmes. Paris, 1842.

CUJAS. — Opera omnia. Naples, 1722-27.

DALLOZ. — Répertoire. Paris, 1846 64.

    » Supplément au Répertoire. Paris, 1887-97.

DARROUY. — De la juridiction gracieuse des tribunaux civils. Thèse. Toulouse, 1877.

DELVINCOURT. — Cours de code civil. Paris, 1834.

DEMANTE. — Principes de l'enregistrement. Paris, 1888.

DEMANTE et COLMET DE SANTERRE. — Cours analytique du code Napoléon. Paris, 1849-84.

DEMOLOMBE. — Cours du code Napoléon. Paris, 1869-82.

DESMAZURES. — Traité de procédure civile. Caen, 1807.

DESPAGNET. — Précis de droit international privé. Paris, 1891.

DONEAU. — Opera : De jure civili. Rome, 1828-33.

DUGUIT. — La séparation des pouvoirs et l'assemblée nationale de 1789. Paris, 1893.

DURAND. — Balde. In speculum juris Guillelmi Durand. Venetiis, 1602.

DURANTON. — Cours de droit civil français. Paris, 1824-37.

DUTRUC. — Traité du partage de succession. Paris, 1855.

DUVERGIER. — Continuation à l'ouvrage de Toullier. Le droit civil français suivant l'ordre de code.

FERRON. — Etude historique et critique sur la publicité des droits réels immobiliers, Thèse. Bordeaux, 1897.

FRÉMINVILLE (de). — Traité de la minorité et de la tutelle. Clermont, 1845.

FUZIER-HERMANN. — Répertoire alphabétique du droit français. Paris, 1886-9...

GARSONNET. — Cours de procédure. Paris, 1882-97.

GRENIER. — Traité des hypothèques. Clermont-Ferrand, 1829.

GUILLOUARD. — Traité du contrat de mariage. Paris, 1885-88.

GUYOT. — Répertoire de jurisprudence. Paris, 1784-85.

HEINECCIUS. — Elementa juris civilis. Francfort, 1770.

HENRION DE PANSEY. — OEuvres judiciaires. Paris (sans date).

HUC. — Commentaire théorique et pratique du code civil. Paris, 1892-9...

IHERING. — Esprit du droit romain. Paris, 1877.

JOUITOU. — Etude sur le système du régime dotal sous le code civil. Paris, 1882-88.

» De la restriction de l'hypothèque légale de la femme. Paris, 1892.

LAURENT. — Principes de droit civil. Bruxelles et Paris, 1869-78.

LEFAS. — De la notion de juridiction gracieuse en droit français. Thèse. Paris, 1897.

LOCRÉ. — Esprit du code Napoléon. Paris, 1805-08.

LOYSEAU. — Des offices. Paris, 1660.

MALEVILLE. — Analyse raisonnée de la discussion du code civil au conseil d'Etat. Paris, 1805.

MARCADÉ. — Explication théorique et pratique du code Napoléon. Paris, 1868-80.

MARTOU. — Des privilèges et hypoîhèques. Bruxelles-Paris, 1855-57.

MASSÉ et VERGÉ. — Traduction de l'ouvrage de Zachariæ. Paris, 1854.

MERLIN. — Répertoire de jurisprsdence. Paris, 1827.

» Questions de droit. Paris, 1827.

MOURLON. — Répétitions écrites sur le code Napoléon. Paris, 1869-70.

Persil. — Régime hypothécaire. Paris, 1820.

Pont. — Traité des privilèges et hypothèques. Paris, 1876.

Pothier. — OEuvres. Paris, 1818-19.

Procès-verbaux de la commission extra-parlementaire du cadastre. Fasc. I, Paris, 1891.

Rauter. — Cours de procédure civile française. Strasbourg, Paris, 1834.

Rivière et Frémont. — Pandectes françaises. Paris, 1888-9...

Rodière. — Cours de compétence et de procédure en matière civile. Toulouse, 1867.

Rodière et Pont. — Traité du contrat de mariage. Paris, 1868-69.

Rousseau et Laisney. — Dictionnaire de procédure civile. Paris, 1886.

Rousseau de la Combe. — Recueil de jurisprudence civile. Paris, 1753.

Tarrible. — V. Merlin.

Tessier. — De la dot. Paris, 1835.

Thézard. — Du nantissement, des privilèges et hypothèques. Paris, 1880.

Toullier. — Le droit civil français suivant l'ordre du code. Paris, 1811-24.

Troplong. — Le code civil expliqué. Paris, 1833-47.

Vazeilles. — Commentaire du code civil. Clermont-Ferrand, 1837.

Voet. — Commentarius ad Pandectas. La Haye, 1707.

Périodiques.

Dalloz. — Jurisprudence générale.

Sirey. — Recueil général des lois et arrêts.

Journal des arrêts de la cour de Bordeaux.

Clunet. — Journal de droit international privé.

Duvergier. — Collection des lois.

Rousseau et Laisney. — Recueil de procédure et de législation.

TABLE DES MATIÈRES

www.ingramcontent.com/pod-product-compliance
Lightning Source LLC
Chambersburg PA
CBHW070500200326
41519CB00013B/2656